本书为国家社会科学基金2016年度教育学青年课题
"乡村教师'自我生长'模式的理论与实践研究"(CGA160172)研究成果

掬水留香与自我生长
新时期乡村教师发展实证研究

赵新亮 ◇ 著

ZHEJIANG UNIVERSITY PRESS
浙江大学出版社

序

赵新亮博士为人踏实肯干,学业上非常刻苦,在地方教育行政部门工作多年,工作期间修完博士学位,后来到北京继续学习和从事教育研究工作,具有丰富的实践经验和较为扎实的学术功底。

教师是乡村教育现代化的第一资源,是振兴乡村教育的重要战略支撑。早在2015年国家就实施了"乡村教师支持计划",有效扩大了乡村教育的人力资本供给。习近平总书记强调人力资源是构建新发展格局的重要依托,党的十九届五中全会提出建设教育强国。新时代的乡村教育发展,亟须建设一支"下得去、留得住、教得好"的乡村教师队伍。《掬水留香与自我生长:新时期乡村教师发展实证研究》一书,是赵新亮博士承担的国家社会科学基金青年课题的重要成果,该课题开展了大量的实地调研和数据分析,研究成果具有很强的理论价值和实践意义。

第一,研究本身体现出较强的乡土情怀。新亮博士从小在农村成大,在农村完成小学、初中教育,对乡土社会有很深的感情,后到北京大学教育财政所做博士后,持续关注农村教育,具有赤诚的教育情怀。研究农村教育,实地调研和数据采集工作非常艰辛,新亮先后多次到云南、贵州、甘肃等地的农村学校调研,到一些村小、教学点,常常一走就是几个小时的山路,与当地的老师和学生深入访谈,向他们发放问卷,获取了大量来自边远贫困地区的教育数据,这是非常有意义的一项工作,也体现了一种难得的研究精神。

第二,围绕热点问题进行了扎实的实证研究和理论分析。近年来,我国教育领域的学术研究越来越强调实证分析,尤其是教育领域的重大决策更是离不开大规模的实地调研和数据分析。该书以乡村教师发展实证研究为主题,进行大规模的实证调查数据分析,契合了目前实证导向的学术研究趋势。课题中关注的选题都是当前乡村教师发展中的热点、难点问题,亟须通过扎实的实证方法,分析发展现状、剖析问题根源。如依据对多个省份乡村教师的调查数据，探讨分析了提升工资待遇能否留住乡村教师、改善工作环境能否促进其专业发展等问题，并从城乡角度对比分析了乡村教师面对的特殊生源问题和专业发展需求等，形成了具有一定创新性和实践价值的研究结论。该书以扎实的实证研究和敏锐的学术洞察力，回应了乡村教师面临着什么样的特殊工作环境和特殊生源条件，工资待遇、培训激励等外部措施为什么没有留住乡村教师，乡村教师真实的工作负担和职业倦怠感有多重，学校氛围、校长领导力等因素对乡村教师专业发展的影响如何，乡村教师的培训现状及其对专业发展的影响效果如何等一系列问题。

第三，研究成果具有较强的现实意义和政策价值。政策研究的生命是接地气，能提出管用、好用、实用的"硬招"。该书除了运用调查数据之外，还进行了大量的访谈和个案分析，在乡村教师的专业发展、流动性、职业负担及培训等方面形成了扎实的研究结论，有很强的政策实践价值。如研究发现非物质性需求似乎是影响乡村教师流动的首要因素，乡村教师的职业倦怠感并不比县城教师高，改善管理方式、同事关系有助于提高其专业学习素养，校长领导力制约乡村教师发展水平等结论。这些研究结论具有很强的现实针对意义，有助于指导各地政府进一步完善乡村教师政策环境，采取更加有针对性的举措，让乡村教师队伍真正地实现"下得去、留得住、教得好"。

《掬水留香与自我生长：新时期乡村教师发展实证研究》用多种证据科学回应了人们有关乡村教师发展现状的困扰，给广大读者带来更多思考的同时，对各级教育行政部门教育决策、乡村学校教师队伍建设、教育同行学术研究等等，都有重要的参考价值，值得一读。

张志勇教授

北京师范大学中国教育政策研究院执行院长

2021 年 2 月 5 日

目　录

第一章　绪　论

我国政府高度重视乡村教师队伍建设,在稳定并扩大规模、提高待遇、增加发展机会、提供在职培训等方面采取了一系列举措,乡村教师队伍的整体水平有较大提升,乡村教育质量得到了显著提高,为我国乡村教育发展做出了历史性贡献。但受城乡发展不平衡、交通位置不便、办学条件欠账多等因素影响,当前乡村教师队伍仍面临职业吸引力不强、补充渠道不畅、优质资源配置不足、结构不尽合理、整体素质不高等突出问题,这些都制约了乡村教育的持续健康发展。21世纪以来,国家出台了多项支持乡村教师发展的政策措施,国务院办公厅于2015年专门印发《乡村教师支持计划(2015—2020年)》(以下简称《支持计划》),旨在解决乡村教师"留不住、下不去、教不好"的问题。通过实地调研发现,目前乡村教师的工资待遇和工作环境有大幅度改善,其职称评定、荣誉及培训等机会也明显增加,但是当前乡村教师队伍仍然存在着教师流失、吸引力不足及教学质量不高等问题,这就需求重新思考和定位乡村教师发展的支持策略。

第一节　研究缘起

一、乡村振兴战略下农村教育发展的关键

党的十九大提出了乡村振兴战略,并专门印发《乡村振兴战略规划(2018—2022年)》,其中优先发展农村教育事业是规划中提出的重要任务,旨在为乡村振兴战略提供有力的人才支撑。从乡村振兴战略实施的指标体系看,乡村教师队伍建设是未来农村教育发展的重中之重,如何采取措施保证优秀教师能够"下得去、留得住、教得好"最关键。近年来,中央出台了多项支持农村教育发展的政策措施,农村学校的硬件设施、办公条件及经费保

障等方面得到了根本改善,学校硬件设施建设与城市学校的差距越来越小,但在师资队伍及教学质量上的差距仍然较大。由此可见,未来乡村教育的振兴,师资最关键,必须把乡村教师队伍建设摆在优先发展的位置。习近平总书记在全国教育大会上指出,要把更多教育投入用到加强乡村师资队伍建设上,不折不扣地落实现行的补助、奖励和各类保障政策。因此,本研究将专门聚焦乡村教师发展主题,通过大规模实证调查,对我国乡村教师发展中的关键问题进行深入分析,为完善相关政策建议提供研究支撑。

二、新时代乡村教师发展形势有较大变化

党的十八大以来,党中央更加重视农村教育工作,积极推进城乡教育一体化发展,并启动了全国义务教育基本均衡县评估工作,显著改善了农村学校的办学条件,提高了农村师资的配备水平。国务院专门印发《支持计划》,乡村教师的工资待遇、职称荣誉及培训机会等情况得到极大改善,乡村教师队伍总体的职业幸福感有很大提高。可以说,当前我国乡村教师的社会地位、工作环境及待遇等已经发生了根本变化,但是农村学校的教学质量以及乡村教师的专业发展,似乎还没有得到相应的改善。乡村教师队伍建设面临着一些新的形势和挑战,比如骨干教师缺乏、校本教研难以有效开展、教师队伍年轻化产生新的结构断层、工资待遇提高仍然留不住教师、适合农村教师的培训支持不足、小规模学校增多对传统教学模式的挑战,等等。因此,这就需求重新思考支持乡村教师发展的有效策略问题。本研究利用近年来的调查数据,对新时代乡村教师发展面临的新形势进行全面梳理和分析,为决策者和研究者提供信息支撑。

三、制约乡村教师发展的瓶颈仍未解决

中央出台了多项支持乡村教师发展的政策措施,已经取得了较好的效果,但仍然有一些制约其发展的瓶颈问题存在,这就需深入探究问题背后的原因,找出制约乡村教师发展的关键因素。比如乡村教师的流动性问题,为什么工资待遇的提升吸引不到优秀毕业生,也没有留住乡村骨干教师;乡村教师专业成长缓慢,城乡教师专业发展的环境有什么不同,工作环境对其专业成长的影响有多大;以及乡村教师的工作投入与职业负担等问题。已有研究对于上述问题均进行了不同程度的分析,研究成果较为丰富,但是对问

题背后原因的分析仍然不到位,分析视角有一定的局限性,尤其是缺少基于大规模调查的实证性研究。所以,本研究对不同区域乡村教师的发展进行实证调查,不仅要了解当前乡村教师的基本特征和工作状态,更是要借助数据探索制约乡村教师发展瓶颈问题的关键要素,重点围绕乡村教师的流动特征、职业负担和专业成长等维度展开。

四、乡村教师队伍整体素质亟待提升

当前,乡村教师队伍普遍存在学历层次低、专业素养弱、骨干教师少、教师年龄老化等问题:一是部分乡村教师缺乏对教育事业的内在动力,墨守成规开展教学,无法主动反思和潜心钻研教育教学问题;二是乡村优质教育资源配置不足,教师普遍缺乏培训和进修机会,业务素养难以提升,教师自身缺乏扎实学识;三是受乡村学校生活艰苦、交通不便、教师待遇低等因素影响,乡村教师职业吸引力不强,优秀教师"留不住"、高校毕业生"下不去"。乡村教师队伍整体素质偏低,导致教学质量和办学水平下降,从而加剧学生流失,进一步导致教师动力不足与乡村学校萎缩,形成恶性循环。此外,很多年轻教师并不认同乡村教师角色,将其看作是一个暂时性过渡岗位,只要有机会就"逃离"乡村。当然,乡村教师的总体编制数量并不缺,个别乡村学校生师比达到了 3∶1,但是结构性缺编问题突出,音体美等学科教师严重不足,教师学科结构严重失衡也增加了现有教师的教学负担与职业倦怠感。乡村教师流失与补充不足问题难以在短时间改变,这就需要从乡村教师的发展需求入手,探索影响乡村教师职业认同的关键因素,找出制约乡村教师素质提升的主要症结。

五、西部偏远地区乡村教师发展亟须关注

受区域经济、社会、文化等因素制约,西部地区教育发展水平相对落后,其乡村教师队伍更是面临着骨干流失、吸引力不足、教师老龄化、教学理念落后等问题,尤其缺乏乡村教师自主成长的环境与平台,制约了教育教学质量的提升。已有研究对乡村教师发展有较多关注,但是对于西部偏远地区的关注不足,比如说云南、贵州等地区,尤其缺少对这些区域的大规模实证性研究。与东部地区的乡村教师不同,西部地区的乡村教师发展有着特殊的环境和短板,也是目前教育均衡发展中的薄弱环节,研究西部地区乡村教

师发展的制约因素和特殊规律有着重要意义。本书着重增加了云南、贵州、甘肃等地区的样本数据,深入当地最偏远的农村学校、教学点进行实地调研,获取了非常丰富的实证数据和研究资料,对于了解当前我国西部地区的乡村教师发展现状,探索制约偏远地区乡村教师发展的特殊因素,有着重要的意义和价值。

第二节　研究内容

一、农村学校的师资现状与生源特征

通过对调查数据的基本描述性统计,深入分析并回答当前农村学校"谁在教书"和"谁在读书"的问题。基于对样本教师的人口学特征分析,描述目前农村学校教师的主要来源特征,包括性别、年龄、出生地、家庭条件及学历水平等;同时对乡村教师的工作特征进行描述性分析,包括乡村教师目前的工资待遇、流动性特征、培训机会及自尊心等,旨在比较全面地刻画乡村教师的工作状态。对于乡村教师所面对的学生特征进行分析,即农村学校的生源情况,主要包括农村学生的家庭背景、学业成绩和非认知能力等维度,以此来判断乡村教师在开展家校合作、学生管理及教学内容等方面可能面临的特殊情况,同时也是为描述"谁还在农村学校读书"问题做铺垫。该部分内容的研究,有助于社会各界了解当前乡村教师的来源特征、工作状态,尤其是城乡学校生源在家庭背景、学业成绩及综合素养上的差距,也是为政策制定者和学术研究者提供比较全面、客观的事实呈现,从而提高政策的有效性和研究质量。

二、乡村教师的流动意愿及影响因素

本部分主要尝试回答"乡村教师为什么流动"的问题,通过个案研究和实证分析方法从多个维度探讨影响乡村教师流动的主要因素。首先,对一个离职的农村青年教师进行了深入的个案剖析,重点关注非工作因素对于乡村教师流动的影响,因为传统的离职研究主要考察工作因素对其离职行为的影响,非工作因素包括情感需求满足、自我价值实现和教育理念契合等。以组织嵌入理论为指导,对农村青年教师离职行为进行系统的理论探索。其次,用实证数据对上述研究结论进行相互验证,核心内容是分析工资收入因素对乡村教师流动性的影响,同时也关注家庭因素和专业发展因素的影响情况,对流动性的界定包括乡村教师的换校意愿和换行意愿。本部分旨在探索影响乡村教师流动意愿的关键要素,对当前支持乡村教师发展的工资、津贴、培训及工作环境等政策措施的有效性进行客观分析,为进一步完善乡村教师发展的激励机制,留住乡村教师并吸引优秀人才提供政策依据。

三、乡村教师的职业负担及其影响因素

本部分主要尝试回答"乡村教师工作负担重不重"的问题,并通过实证数据分析影响乡村教师工作负担的主要因素。首先是对乡村教师的工作负担现状进行全面的描述性分析,包括其工作时间、课程教学工作量及职业倦怠测量等维度,借助与城市学校教师工作负担的比较,客观呈现乡村教师的工作负担状况。探索在乡村教师工资待遇和工作环境都明显改善的同时,乡村教师的工作负担是否随之有所变化;其次是对影响乡村教师工作时间的主要因素进行回归分析,主要包括教研活动、科研课题以及学校课程安排和教学支持等因素;最后对影响乡村教师职业倦怠的主要因素进行回归分析,主要包括工资待遇、教师专业发展及学校工作特征等。本部分是客观描述乡村教师的工作负担现状,并从多个维度分析影响乡村教师工作时间和职业倦怠的因素,是为进一步提高乡村教师的工作效率和专业发展水平,也是为完善乡村教师的支持措施提供政策依据。

四、乡村教师的专业发展及影响因素

本部分主要关注乡村教师的专业发展问题,探索其专业发展的有效路径,因为乡村教师队伍建设的重点是提高专业发展水平,进而提升农村学校的教育教学质量。对乡村教师专业发展的分析,主要从专业学习和教学效能感两个维度展开,一方面探讨学校工作支持、同事关系及组织氛围等工作环境要素对乡村教师专业学习的影响,尤其是心理资本因素对其两个变量之间关系的中介影响作用;另一方面,专门分析校长领导力对乡村教师教学效能感的影响,以及具体的影响机制问题。同时,还系统对比了城乡学校教师专业发展差距的内外部因素,比如城乡学校校长管理水平、教学工作支持

及教育教学理念等方面。本部分的研究价值体现在对乡村教师工作环境的关注,通过对乡村教师发展的长期调研发现,学校环境因素是影响其专业发展的关键,包括校长领导、同事协作及教学支持等。因此,研究的目标是有效定位制约乡村教师发展的关键要素,从而提出更加有针对性的乡村教师发展支持措施。

五、乡村教师的培训及发展支持体系

已有研究普遍指出,教师培训是推进乡村教师队伍建设的重要路径,但是当前的乡村教师培训能否满足实际需要,以及在具体实践中的效果如何,均有待通过实证数据进行验证。同时,中央出台的支持农村教育发展的多项政策均提出了要加大对乡村教师发展的培训支持,包括全员培训、轮岗培训、挂职锻炼及远程培训等,也有专门的国培计划,并为未来提升乡村教师专业水平指明了方向,在实地调研中也感受到了乡村教师对培训的更高期待。因此,本部分将用实证数据深入分析乡村教师的培训现状,从培训机会、培训内容、培训形式及培训需求等方面进行系统阐述。为进一步改进、完善乡村教师培训的支持策略,本研究还从三个层面收集相关典型案例,包括区域层面、学校层面和教师个体层面。最后,还借助调查数据分析乡村教师的培训成效及其制约因素,包括培训对乡村教师教学创新与反思行为、TPCK 信息素养能力的影响等,这将为相关政策的完善、改进提供决策依据。

第三节　数据来源

一、调查项目与样本

本研究使用的数据来源于 2017—2018 年多个课题的调查项目。北京大学中国教育财政科学研究所宋映泉老师担任主持人,受不同公益机构委托,围绕农村教育发展的相关主题进行随机控制实验和准实验研究,先后在贵州、云南、甘肃、河北和四川等地区进行调查,主要通过问卷调查和访谈方式进行。其中,乡村教师发展是一项重要的调查内容,调查主题涉及乡村教师的人口学特征、工资待遇、流动性和教学任务等统计数据,也包括乡村教

师职业倦怠、自尊心、教学效能感和信息技术应用等调查数据。除此之外，本研究还专门对山东省的乡村教师进行了两次大规模调查，重点聚焦乡村教师的专业发展、心理资本及校长领导力等专业发展信息。

统计不同项目中关于乡村教师调查的数据来源情况，多个调查项目的问卷内容比较接近，但是也并非完全一致，在部分变量的设置上会根据调研项目的需求有所调整，比如有的项目侧重关注乡村教师的音体美培训情况，有的侧重关注乡村教师的在线支教情况等。同时，不同项目调查的样本对象也有所区别，有些侧重于关注寄宿制学校教师，有些侧重于骨干乡村教师，还有些侧重于小规模学校教师，也有个别项目包括了部分县城学校教师，便于进行城乡教师比较。因此，基于不同项目调查内容与对象的差异，本研究在对乡村教师发展相关问题的分析过程中，并非全部使用同一个调查数据，而是会根据分析主题选择不同的样本数据，尽可能地确保调查研究结论的科学性和可靠性。不同项目中关于乡村教师调查的数据来源情况详见表 1-1。

表 1-1　不同调查项目数据来源情况汇总

调查时间	调查地区	学校特征	样本教师数量/人
2017 年 9 月	贵州某县、云南某县	村级完小（村小）	1525
2017 年 10 月	河北某县、四川某县	寄宿制学校（乡镇）	2707
2018 年 9 月	山东某县	普通乡村学校	2428
2018 年 10 月	甘肃某县	小规模学校	863

二、调查内容与工具

本研究采用的调查工具主要是调查问卷，收集教师个人层面和学校层面的信息。其中，乡村教师个人层面特征包括样本学校教师的人口学特征、教学经历、职务职称、流动性、教师身份、收入情况等基本信息，以及任教班级科目、学生人数、课程工作量、获奖情况、培训等教学信息；学校层面包括学校位置、学校规模、学校类型及资源配置等数据。除基本信息调查之外，本研究还使用了多种心理测量量表。这些量表工具具有较高的权威性，在国内都已经有广泛应用，以下简要梳理调查工具的基本情况。

（1）教师职业倦怠量表。教师职业倦怠量表（maslach burnout inventoryeducator survey，MBI-ES)由加州大学伯克利分校心理系教授克里斯特(Christian Maslach)开发,被国内研究者用来测量教师职业倦怠,分为 3 个维度:情感枯竭、非个人化、低成就感。量表的克隆巴赫(Cronbach's alpha)系数为 0.851,信度较好。

(2)教师自尊量表。教师自尊量表(Self-esteem scale)由罗森伯格(Rosenberg)于 1965 年编制,最初用于评定青少年关于自我价值和自我接纳的总体感受,设计中充分考虑了测定的方便,受试者直接报告表中的描述是否符合他们自己即可,是我国心理学界目前使用最多的自尊测量工具,已经被证明有较好的测量学特征(信度和效度)。该量表由 5 个正向计分和 5 个反向计分的条目组成。

(3)校长领导力量表。它采用了 García-Morales 等(2008)以及 Fu 等(2010)的校长领导力量表,由 28 个题项构成,分为变革型领导、制定学校愿景、管理学校活动、营造良好氛围等 4 个维度。该量表由黄淑芬(2016)在国内情境下检验过,信效度良好。示例题项包括"校长经常向我们传递他对教育教学工作的高期待""校长经常给我们传达教师职业的使命感"等。

(4)教师专业学习量表。教师专业学习量表来自 Wal 等(2014)研究中对教师学习测量的题项。刘胜男(2016)曾在调研中应用该量表。总量表 Cronbach's alpha 系数为 0.956,信度较好。该量表包括协作、反思、创新和获取新知等 4 个维度,由 26 个题项构成。示例题项包括"我经常和同事一起探讨各种教学问题""我会创造性地在课堂上尝试应用新的教学方法"等。

(5)教学效能感量表。教学效能感量表(teacher efficacy scale,简称 TES)由香港教育大学吴量和詹浩洋(2017)修订完成,共 11 个题项,包括教师在教学策略上的效能感、课堂管理上的效能感和学生学习参与度上的效能感,该量表被证明有较好的测量学特征。总量表 Cronbach's alpha 系数为 0.941,信度较好。示例题项包括"课堂上我能让一些捣乱或者吵闹的学生安静下来""我能激励那些不愿意做作业的学生完成作业"等。

(6)心理资本量表。心理资本量表来自陈威燕(2016)研究中的题项,包括自信、希望、乐观和韧性等 4 个维度,由 26 个题项构成。量表的 α 系数均为 0.8,AVE 为 0.6,CR 为 0.7,信度良好。示例题项包括"我相信教育教学工作中的任何问题都有很多解决方法""我对工作中的压力能够泰然处之"等。

　　(7)工作价值观量表。它采用了 Meyer 等(1998)开发的量表,分为安全与舒适、能力与成长、地位与独立 3 种价值观维度。目前该量表在国内任华亮(2014)、詹小慧(2016)等学者的研究中都有应用。由于该量表主要用于企业领域,本研究引入教育领域后做了一定修改,由 12 个题项构成,信效度良好。示例题项包括"我很在意工作中的薪酬和福利待遇""我希望通过工作能为教育事业做贡献"等。

　　(8)关于工作环境的测量,使用了多个量表的不同维度组合,包括工作支持、程序公平和同事关系。其中,工作支持借鉴了李永鑫、赵娜(2009)和 King 等(1995)编制的部分题项,由 3 个题项构成。程序公平借鉴了 Kirkman(2009)研究中的题项,由 6 个题项构成。同事关系来自姜定宇(2005)研究中的题项,本研究选取了其中的义务性关系变量,其将组织中人际关系分为基于利益、基于情感和基于角色义务等维度,由 3 个题项构成。对上述工具进行信度检验,各维度的 α 系数均在 0.7 以上,信度良好。

　　(9)关于教师信息素养(technological pedagogical content knowledge, TPCK),借鉴了王辞晓等(2017)开发的量表。TPCK 量表包含 3 个核心要素,即学科内容知识(content knowledge,CK)、教学法知识(pedagogical knowledge,PK)和技术知识(technological knowledge,TK);4 个复合要素,即学科教学知识(pedagogical content knowledge,PCK)、整合技术的学科内容知识(technological content knowledge,TCK)、整合技术的教学法知识(technological pedagogical knowledge,TPK)、整合技术的学科教学知识(TPCK)。本次量表删除了 TCK 维度。总量表 Cronbach's alpha 系数为 0.972,信度较好。

　　(10)关于学生发展的相关量表。一个是学习适应性量表。学习适应性量表是由台南师范学院初等教育系李坤崇教授修订而成,包括学习方法、学习习惯、学习态度、学习环境和身心适应等 5 个分量表。该量表被证明有较好的测量学特征,依据项目实际需要,本次测量选取与学习方法、学习习惯、学习态度分维度的 30 道题。量表 Cronbach's alpha 系数为 0.863,信度较好。另一个是学习过程量表,该量表已在国内外研究中得到广泛应用。保留原问卷的 6 个分量表维度,分别为表层动机、深层动机、成就动机、表层策略、深层策略及成就策略,经过两次试测后修订保留 20 道题项。学习过程量表的问卷信效度较好,问卷各维度的内部一致性系数为 0.58~0.67,总量表的内部一致性系数为 0.74。

第四节 理论基础

本研究以乡村教师发展为研究主题，关注乡村教师队伍的发展现状、流动性、职业负担、专业成长、培训激励等核心问题，在对相关问题的实践调研、理论分析和政策研究过程中，需要借鉴多个相关理论，从不同理论角度进行阐述，从而提升乡村教师发展研究的有效性。

一、教师专业发展理论

教师专业发展通常是指教师专业知识、专业技能、专业素养持续提升、不断发展的过程，从一个新手型教师成长为专家型教师，要求教师不能满足于当前成就或现有知识，要在职业生涯中不断去发展自我、超越自我。当然，不同学者对教师专业发展的内涵解释也不同：埃里克·霍伊尔认为，教师专业发展是教师在教学职业生涯中的每一阶段，是良好专业实践所必备的知识和技能的过程。迈克尔·富兰等则认为教师通过培训等措施，获得专业意识、技能及人际交往能力等，全方面得到提高和进步的过程就是教师专业发展。对乡村教师而言，其专业发展也是一个持续不断、动态发展的过程，但是限于其发展环境、资源支持等条件相对薄弱，乡村教师的专业发展面临着更大挑战，呈现出更加特殊的发展规律，在专业知识、专业结构的获取方面也有着一定特殊性。

同时，教师专业发展呈现出鲜明的阶段性、周期性特征，关于教师职业发展周期理论也有诸多研究，Fessler 提出了相对完整的教师职业生涯周期理论，包括职前期、职初期、能力建构期、热心成长期、职业挫折期、职业稳定期、职业消退期及职业离岗期等 8 个阶段。Steffy 在 Fessler 的理论基础上提出新的教师职业生涯周期模型，将教师职业生涯周期分为预备生涯阶段、专家生涯阶段、退缩生涯阶段、更新生涯阶段和退出生涯阶段等。国内学者申继亮(2006)从人力资源管理角度分析了我国教师职业生涯发展的四阶段理论，第一阶段是学徒期，在工作上还属于熟悉教学阶段；第二阶段是成长期，这一阶段教师成长较快、经验积累迅速；第三阶段是反思期，教师教学经验较丰富，但容易产生职业高原现象；第四阶段是学者期，在跨过高原期后，教师专业能力得到较大提升，在教学科研上会取得一定成果，在专业领域会向专家型学者方向发展。

当然，与城市教师相比，乡村教师的成长阶段具有特殊性，部分新任教师刚工作就进入职业发展的彷徨与混沌期。这就需要对田野访谈、问卷调查及国内外理论研究成果进行梳理，深入探索乡村教师专业发展的特殊阶段性，分析乡村教师在不同年龄和专业发展阶段所表现出的典型心理、认识与能力等特点，尤其是在专业知识、专业技术、专业情感方面的能力结构特征。探索乡村教师发展的阶段性特征，不仅有助于出台针对乡村教师专业发展的个性化支持策略，更有助于丰富、完善乡村教师专业发展的理论内涵。经初步分析认为，乡村教师专业发展可以分为 5 个特殊的职业生涯阶段，即彷徨与混沌期、过渡与适应期、探索与突破期、成熟与稳定期、归属与奉献期。

二、双因素激励理论

双因素激励理论（motivation theory），又叫激励因素—保健因素理论，是由美国行为科学家赫茨伯格（2009）提出，是当代西方管理学中的重要理论之一。该理论认为，激励因素和保健因素是激发人们工作动机的主要因素，激励因素包括对工作本身的认可、成就感和责任等，这些因素与工作内容相关，涉及工作的积极情感。保健因素包括管理政策、技术监督、薪水、工作条件以及人际关系等，这些因素涉及对工作的消极情感。赫茨伯格认为，保健因素与激励因素对于调动人的工作积极性都有作用，只是影响程度不同，保健因素更多的是外在影响，而激励因素更多的是内在影响。关于激励因素与保健因素的相互关系，赫茨伯格认为传统的"满意—不满意"观点是不正确的，满意的对立面应该是没有满意，不满意的对立面应该是没有不满意。当然，赫茨伯格的双因素激励理论同马斯洛的需要层次理论有相似之处，他提出的保健因素相当于马斯洛提出的生理需要、安全需要、感情需要等较低等级需要；激励因素则相当于受人尊敬的需要、自我实现的需要等较高等级需要。

双因素激励理论也能应用于乡村教师的激励与评价问题，能够解释当前乡村教师流动性的一些特征。对乡村教师而言，保健因素主要是指管理政策、工作条件、物质待遇、人际关系等，这些基本的保障因素，如果得不到保障,就会让教师产生消极情绪,甚至会选择离开农村学校。近些年,中央政府采取多项措施,乡村教师的工作环境、工资待遇等均已得到大幅改善,即保健因素得到全面的保障。但为什么乡村教师仍然留不住,可能与激励因素不足相关,激励因素主要是指工作成就感、专业认可、荣誉感、归属感及师生关系、家校关系等,这些因素对于真正激励、留住乡村教师有重要作用(刘小梅,2019)。

此外,对于乡村教师的激励来说,美国学者麦克利兰(1963)的成就动机理论也有很好的指导价值。麦克利兰认为在基本的生存需求得到满足后,权力需求、成就需求和合群需求则是人们的高层次需要,这是一种内在驱动力的体现,这些对于个人行为发展起着重要的影响作用,并且是一种长期状态。乡村教师群体与其他行业有所不同,其需要更多的情感投入和教书育人的奉献精神,其工作目标不是简单地完成任务,而是通过脚踏实地的努力,赢得社会认可和他人尊重,实现自我价值。因此要关注乡村教师的成就需求,采取有效措施支持乡村教师获得更高的职业成就和荣誉感,充分调动其工作积极性和职业归属感。

三、布迪厄场域理论

场域理论是由皮埃尔·布迪厄(Pierre Bourdieu)等(1998)提出的关于人类行为的概念模式,是社会学的主要理论之一。社会学中的场域理论既关注客观的物理环境,同时也关注生存、活动在环境中的人以及其他各种因素之间相互作用所产生的影响。布迪厄将场域定义为"位置间客观关系的一个网络或一个形构,这些位置是经过客观限定的"。布迪厄认为,在高度分化的社会里,存在大量具有相对自主性的社会小世界,这些社会小世界是具有自身逻辑和必然性的客观关系空间,而各个小世界之间特有的逻辑和必然性是不可随意通约的,这些小世界也就是场域。要充分理解布迪厄对场域的界定,首先需要认识到其对于场域的刻画不是为了定义一个边界明确的物理空间,而是要定义一个相对独立的社会空间。同时,布迪厄认为社会是一个"大场域",包含在社会中的其他子领域则是其"子场域",两者之间有着一定的联系,但是其自身也具有相对独立性特征。布迪厄对场域理论的分析与乡村教师发展的特殊性有一定关系,对研究乡村教师发展有着重要的指导意义。

　　首先,因所在场域结构或场域环境不同,不同群体的行为表现也存在较大差异,因为不同场域环境对不同行为主体的发展都会产生重要影响。乡村教师群体所处的场域环境有一定特殊性,其不仅处在农村学校场域的主阵地,受农村学校场域环境的影响,同时也处于特殊的乡村社会环境场域,受传统的乡土文化、乡村历史等影响。其次,乡村教师所处的乡土社会场域是一个大场域,处于其中的乡村教育则是一个子场域,两者间各自独立又相互依存,其在交流碰撞间生发的力量又相互影响。乡村社会作为一个场域,其逻辑、规则、符号等都会渗透到子场域以及场域中的成员身上,影响乡村文化的形成和乡村民众的生活习性。乡村教师在这个场域中的专业发展、队伍流动及教育教学等活动,都会受到相应的影响和制约(李虹,2019)。再次,乡村教师所处的乡土社会场域有其独立性和特殊性,特有的历史文化要素,具体的社会环境、制度环境及特殊的互动人群相互交织,共同塑造了乡村教师特有的情感意义。同时,布迪厄也提出了场域的“自主化”和“惯习”两个特性,这为深度剖析乡村教师发展机制提供了特殊情境和社会背景层面的思考路径。比如,乡村教师流动受原本乡村学校场域的影响,流动到新学校后,其接受新知识和先进教学理念的思维受原学校场域的影响,使其难以快速适应,但因场域有自主化和“惯习”特点,在一定程度上受新场域影响,其习惯和思维等也是可以改变的,并且帮助乡村流动教师尽快适应新学校环境(秦慧敏,2019)。

四、多元智能理论

　　多元智能理论由霍华德·加德纳(Howard Gardner)在 1983 年提出。加德纳认为,智力是个体身上待开发的潜能,它是多元化的,是多种能力的集合,每个人都拥有相对独立的 7 种智力结构,即言语—语言智力、音乐—节奏智力、逻辑—数理智力、视觉—空间智力、身体—动觉智力、自知—自省智力和交流——交往智力。加德纳提出,每一种智能都有其定义与内涵,也有着不同于其他智能的特点,但是它们并非完全独立的,而是同时存在于个体之中,且是互相关联、互相补充、综合作用的。加德纳提出了智能组合的假设,即一个人可能在很多智能上都没有过人天赋,但如果他所拥有的各种智能被有机地组合在一起,那么这个人可能在某一领域担任某一角色时也会有出色的表现,能获得或大或小的成功。由此可见,学习既是知识的增加与积累的过程,同时也应该是如何优化自己智能结构的过程。

基于多元智能理论,分析乡村教师的专业发展、课堂教学、课程改革及教育培训等,具有非常重要的指导价值。多元智能理论首先肯定了不同主体的多种智能结构差异,认为每一个正常人都同时具有上述 7 种智能,只是不同智能的发展程度因人而异,这不仅为乡村教师自身的专业成长和培训支持提供了依据,也为乡村教师如何更好地教好农村孩子提供了启发。在学生培养方面,尽管目前农村学校出现了优秀生源流失、留守儿童较多及辍学等问题,但是每一个农村孩子都有其智力的独特性和差异性。这就要求乡村教师调整教学策略,根据每个学生的特点采取个性化和差异化的教育方法。尤其是地方教育行政部门在评价乡村教师的教学成绩时,更应该充分考虑农村孩子的特殊性,坚持多元化的评价观,注重评价内容、评价方法、评价主体的多元化,实现学生的全面个性发展(都君艳,2019)。同样,对于乡村教师个体的专业成长而言,加德纳多元智能理论也有很大指导意义。一方面应为乡村教师发展提供多元化的培训支持,满足不同教师个体发展的多元化需求;也应为农村学校教学改革提供一定的空间和自主权,避免采取一刀切的政策规定,尤其是对于乡村教师的考核评价,更应该考虑乡村教师的发展特征。另一方面,要加强全科教师的培养,有效应对当前农村学校规模较小、师资不足、课程开设不齐等现状,确保未来乡村教师的能力素质结构能够适应农村学校全科教学、小班化教学的需要,契合农村孩子多元智能发展的教育需求。

第二章 研究综述与政策梳理

国务院办公厅《支持计划》的出台,标志着把乡村教师队伍建设纳入实现教育现代化的重要战略基点,体现了政府切实提升乡村教师待遇、缩小城乡差距的政策导向。政策的有效推进与落实,离不开理论研究层面的智力支持,"乡村教师"主题的研究一直是国内外学者关注的焦点,也是农村教育领域的研究重点,已有研究在理论探索、实证调查和政策咨询等方面取得了较多成果,需要进行相应的梳理和总结。为更好地开展乡村教师发展关键问题的研究,本章将对国内外已有文献进行深度梳理,重点关注乡村教师流动性、专业发展、职业负担、培训支持等制约乡村教师发展的核心问题;并通过对国际权威期刊研究文献的计量分析,呈现当前乡村教师研究的国际前沿、发展脉络与知识基础。同时,也将对 21 世纪以来我国关于支持乡村教师发展的政策文件进行系统梳理,总结分析政策走向的规律特征,为更好地进行相关问题研究奠定基础。

第一节 国内外研究综述

一、基础性文献分析

乡村教师主题一直是农村教育领域的研究重点,有关乡村教师专业发展、队伍建设等方面有大量文献。根据研究需要,本部分主要从乡村教师的发展诉求、工资待遇、专业发展、师资培训及流动性特征等角度进行系统梳理。

(一)关于乡村教师发展需求的研究

第一,关注乡村青年教师的发展需求问题,因为其职业流动性比较高,"下不去、留不住"的问题在青年教师中更加突出。刘胜男等(2017)认为仅靠物质激励不能留住青年教师,其个人专业发展、情感需求满足、自我价值实现等的需求更加强烈;张福平等(2018)提出生活环境和个人婚姻问题是制约青年教师工作稳定性的重要因素,这在偏远农村地区尤其明显;郭玲玲(2018)专门分析了农村青年女教师的发展需求问题,认为其职业认同感偏低,专业成长动力不足,具有比较强烈的离职意向。

第二,从社会学视角分析乡村教师的发展需求问题,我们认为乡村教师工作中面临着特殊的角色冲突问题、学习文化缺失、精神生活贫乏、身份认同缺失等,乡村教师职业幸福感总体不高。肖正德(2013)专门研究了乡村教师的学习文化,认为存在着学习物质文化匮乏、学习制度文化僵化、学习文化价值功利等情况,需要实施乡村教师学习援助计划;李秀章(2018)研究了乡村教师的多重角色冲突问题,包括多年级复式教学与全科教师的业务角色冲突,以及教师身份与家长、生活老师身份的冲突,还包括既当管理者又当被管理者的角色冲突等;容中逵(2009)提出了乡村教师的身份认同危机问题,认为当前乡村教师的文化符号象征意义几近丧失、内在根本质素招致否定、社会身份角色日益游移不定等。

第三,从资源配置角度分析乡村教师的发展需求问题,我们认为工作环境、专业培训、管理制度及硬件设施等方面的问题制约了乡村教师的职业发展。唐松林等(2016)认为城市化导向的绩效考核制度使乡村教师丧失责任感、自信力与判断力,拉大了城乡差距;物质主义的市场环境、教师收入偏低、教师任务繁重等现实境遇使其陷入一个悲观、无奈、边缘的窘境。徐莉莉等(2018)分析了乡村教师的培训进修需求,认为乡村教师缺乏专业引领的资源,单纯依靠学校自身难以有效帮助新教师取得专业成长,外部提供的培训内容针对性不足,培训课程与乡村实际脱节,难以满足乡村教师的专业成长需求。此外,赵新亮等(2018)研究了农村学校工作环境对乡村教师发展的影响,认为工作环境中的硬件设施不足、教学条件较差、学习氛围不足及家长不配合等问题,影响了教师专业发展的需求与动力。

综上所述,国内学者对乡村教师发展需求的问题有诸多研究,涉及乡村教师的物质待遇、心理需求、职业发展及工作环境等各个维度,但是总体上比较缺乏实证数据的支撑:一是运用质性研究方法的文献比较多,缺乏比较严谨的实证分析;二是已有实证分析的文献中,使用的样本数据局限于某一个区域,缺乏全国性的样本数据分析;三是对乡村教师发展需求的分析虽然比较全面,但是没有明确地突出重点,尤其是缺乏通过实证数据分析,找出真正影响乡村教师发展的核心因素。因此,需要借助乡村教师调查数据,深入分析当前乡村教师发展的需求到底是什么? 哪些因素影响了乡村教师的工作状态和职业稳定性? 尤其是当前对乡村教师提供的各项支持措施,是否能够有效满足其职业发展的需求? 准确地梳理清楚乡村教师的真实需求,才能提出更加有针对性、更加有效的支持措施,从而促进乡村教师更好地发展。

(二)关于工资待遇与教师流动的研究

从劳动经济学角度看,教师职业是劳动力市场的组成部分,教师流动也应符合普通劳动力市场的一般规律,比如供求关系和利益最大化原则。国内外学者普遍把工资收入因素纳入教师流动的研究分析框架,研究工资收入与其职业流动的关系。首先,有学者对教师工资收入与流动意愿的关系进行研究,认为工资收入对其流动意愿有显著的负向影响,即工资收入越低、其流动意愿越强烈(赵忠平等,2016)。也有调查研究强调,工资收入是影响教师流动的首要因素,且流动方向是从乡村到城市的单向流动(范国锋等,2015)。上述研究中把教师界定为具有经济理性的个体决策者,认为教师的流动完全是追求个体利益的最大化。其次,教师流动可以分为学校间和行业间的流动,而工资收入对不同流动方向的影响作用是不同的。有研究认为,工资水平对教师的换校意愿和退教意愿均有显著的负向影响(杜屏等,2019)。也有学者认为,行业间的工资差距更会影响教师的流动选择,其与外部劳动力市场的工资差距越大,则其离开教育行业的可能性越大(Rickman et al.,1990)。最后,除流动意愿之外,很多学者研究了教师工资收入与其具体流动行为的关系。Falch(2011)通过准实验方式研究工资收入与教师离职行为的关系,发现增加10%的额外工资能降低6%教师退教的可能性。Mumane 等通过工资激励项目研究发现,教师拥有越高的薪资水平,则其在教育行业任职的时间将越久。

由此可见,关于工资收入与教师流动的关系,国内外学者研究的结论似乎一致,多数研究认为工资收入是影响教师流动的重要因素。但是在深入分析教师流动的影响机制时有人发现,工资收入对教师流动的影响关系也存在较大争议。比如 Hanushek 等(2006)认为,尽管已有证据表明教师对工资较为敏感,但其仍愿意放弃工资来获得更为理想的工作环境,非货币性因素对教师流动的影响可能更加重要。已有研究多数基于新古典经济学理论，以理性人和效用最大化为基本假设，而这能否适用于新时代教师流动特征的解释，尤其是乡村教师的城乡流动行为，需要借助新的调查数据进行实证分析。

工资收入对教师流动的影响作用不可否认，但是教师职业有其特殊性，教书育人是其神圣职责，简单采用"经济人""理性人"假设解释教师的流动性有失偏颇。关于教师流动的影响机制，很多学者从经济因素和非经济因素两个维度展开，经济因素包括工资、奖金、津贴等，非经济因素包括工作环境、专业发展、个人成就感等。刘胜男、赵新亮（2017）认为，非经济因素对教师流动的影响作用更大，仅依靠物质待遇已难以留住乡村教师，而情感需求满足、自我价值实现和教育理念契合等是更重要的因素。该研究强调教师是为寻求更好的专业发展平台而流动，而不是为个人工资增加，青年教师尤为如此。Gladis 等在对流动教师与留任教师的比较研究中发现，家庭因素是教师流动最关心的问题，流动者更注重家庭责任以及与家人相处的时间，而非学校因素。该研究结论有一定代表性，因为中小学教师中女性占比较大，回到家庭附近工作、照顾父母孩子是很多教师流动的首要需求。由由（2013）对美国教师流动的研究发现，影响教师流动的因素包括个体特征、工作特征、个体与工作匹配特征等，尤其强调了个体与工作匹配性因素对教师流动的影响，即工作匹配度越高，其流动概率越低。孟令犀（2004）研究认为，工作压力是影响教师流动的重要因素，教师工作压力与流动行为和意愿均呈正相关关系。由此可见，工资收入对教师流动的影响强度和影响关系是有争议的，非经济因素对教师流动的影响作用正在逐步增强，尤其是在经济发展水平较高的国家，工资待遇的影响作用相对有限。

分析已有文献，进一步明确了需要研究的问题：工资待遇是否是影响教师流动的首要因素，尤其是在经济发展水平显著提高的时代背景下，其对乡村教师流动的影响程度如何，是否有其他更加关键的因素制约或推动其流动，这些问题均需进一步深入探讨。当前我国大多数地区乡村教师工资水平已超过县城教师，乡村学校办学条件也得到根本改善，但为什么乡村教师的流失问题仍然明显？这对当前政府的乡村教育支持政策提出了新的挑战，需要对工资收入与乡村教师流动的内在关系做科学合理的解释，才能提高政府支持乡村教师发展政策的有效性，才能助力农村教育振兴。

（三）关于乡村教师专业学习的研究

《支持计划》实施以来，极大地改善了乡村教师的物质待遇、工作环境与发展水平，乡村教师"下得去、留得住"的局面基本形成，但是在促进乡村教师专业发展、实现"教得好"目标方面仍有待加强。研究表明，教师专业学习是提升教师素质、增强教育教学质量的重要途径，是教师为了更好地实现教育教学目标，积极获取新知识、主动和同事协作、不断总结反思和勇于试验创新的行为（刘胜男，2016）。Darling-Hammond 等（2009）也认为，有效的教师专业发展应该基于有效的教师专业学习，这种学习应该是教师自我导向、持续发生的。然而，当前我国乡村教师专业学习的内外部环境比较薄弱，主要面临着缺乏名师引领、培训机会相对少、学习动力不足、学习资源匮乏、学习时间和机会缺乏保障等问题，农村学校特殊的工作环境已成为制约乡村教师专业学习的重要因素。因此，本研究将对乡村教师的专业学习情况进行调研，以实证分析法探究工作环境中影响其专业学习的关键因素，并通过模型来构建各因素对乡村教师专业学习的内在作用机制。

梳理国内外相关文献发现，学者们普遍认为工作环境因素对教师专业学习有直接的影响，比如 Lam（2003）对中国香港中小学教师的调查发现，校长鼓励决策参与、团队合作、灵活安排工作等因素是影响教师参与学习活动的因素；弋文武（2008）通过回归分析提出了自我发展意识、学习环境与资源、学习时间、学习活动方式等影响农村教师专业学习的因素。Thoonen 等（2011）对荷兰 502 名小学教师的调查发现，教师的自我效能感是影响教师专业学习的重要因素，并同时在学校组织环境和领导实践中产生调节效应。陈向明等（2014）提出，教师专业学习成效受到各种外部因素的制约，不仅与所处的时代和情境密切相关，而且还与其身份认同和日常生活之间有着复杂的关联；马琳雅（2016）在对农村中学教师自我导向学习能力的调查中也发现，外部环境、教师个体和培训支持者是重要的影响因素。在明确了工作环境对教师专业学习影响作用的同时，也有学者对影响教师专业学习的工作环境要素进行了细化探究，并对其相互之间的影响关系进行了分析，比如刘胜男（2016）通过实证研究，具体分析了学习导向型领导、教师信任和教师能动性等因素对教师专业学习的影响与作用机制。此外，还有些学者围绕乡村教师专业学习的基本现状、学习策略、学习共同体、学习资源、学习方式等主题分别进行了研究。

综上所述,国内外关于教师专业学习的研究有较好基础,对教师专业学习的影响因素有相关的实证分析,主要涉及学校领导、资源条件、自我效能、同事合作、动力态度等因素。但是,关于乡村教师专业学习的研究比较匮乏,尤其缺少量化研究,且已有研究仅对外部环境与专业学习的影响关系进行分析,并未关注到乡村教师个体的心理资本要素的价值,尤其是心理资本在外部环境和专业学习两个变量间的作用关系。因此,本研究既关注工作环境对乡村教师专业学习的影响,包括变革型领导、工作支持、同事关系、程序公平等变量要素,更深入探讨个体心理资本在其影响关系中的中介作用,并通过对乡村教师专业学习情况的深入调研,实证分析在工作环境中影响其专业学习的关键因素,以模型来构建各因素对乡村教师专业学习的内在作用机制。

(四)关于乡村教师培训问题的研究

关于乡村教师培训问题有着丰富的研究文献,主要围绕着乡村教师培训现状、培训需求及存在问题等方面展开。一方面,部分学者对乡村教师的培训现状进行了调查,比如罗儒国(2011)调查发现,城乡间教师参加校外培训情况均有差异,东南地区、中部地区、西北地区分别有 51.0%、60.5%、72.3%的教师参加过 1~4 次培训,26.9%的中部地区教师反映从未参加过校外教师培训,远高于东南地区的 5.3%和西北地区教师的 9.2%;7.9%的城镇教师、31.8%的农村教师从未参加过校外培训。张虹等(2012)通过调查也发现,农村小学教师参加培训次数不多,特别是市级以上的教师培训明显严重不足,该比例仅为 33.5%,培训机会不均等且随意性较大。这与陈向明、王志明(2013)对全国 11 个省份的调查结果相近,即中西部农村贫困地区教师的培训机会明显少于城镇教师,同时培训学员大多数来自各级重点中小学和部分完中,乡镇以下学校的教师参与省级培训的机会比较有限。

另一方面,学者对乡村教师的培训需求进行研究分析后普遍认为,培训内容与教师培训需求不匹配的问题仍然存在。比如唐如前(2007)调查研究发现,72.1%的中学教师认为现行的继续教育课程设置理论性太强、实践性较弱,不能满足中学教师的实际工作需求。陈向明、王志明(2013)调查研究发现,现有的培训内容理论太多,大部分培训内容过于抽象、概括,对日常教学工作的针对性不强、实效性较差。薛海平调查研究发现,当前我国中小学教师培训不重视培训需求分析,内容脱离教师专业发展和教学实践的需要。

基于上述文献可知,当前教师培训中以邀请专家参与为主,专家培训的内容理论性比较强,虽然有很好的前沿性、引领性,但是普遍缺少对教师真正需求的分析,或者说培训内容缺乏很好的针对性,难以发挥很好的指导作用。此外,也有学者对教师培训的具体需求进行了调查,比如邹联克(2012)调查研究发现,超过一半的参训教师在新课程、师德教育、新理念、信息技术和学科教育方面有学习的需求,研究还提到了班主任工作、学校发展、教学技能、简笔画等方面的学习需求,这在一定程度上反映了教师在学习需求方面的多元化。

(五)关于乡村教师工作负担的研究

国内外学者都比较关注乡村教师的工作负担问题,进行了大量的相关调查与分析,主要围绕着教师工作时间、课程教学、班主任工作、家校合作及事务性工作等方面展开。一方面,关于乡村教师工作时间的研究,朱秀红(2020)发现,乡村教师平均每天的工作时长为 8.9 小时,有 29.3% 的教师每天工作超过 10 小时,且下班后还需花费 2.3 小时用于处理工作事务;赵新亮(2019)的调查显示,在工作时间方面,被调查的乡村教师平均每天工作9.3 小时,最少为 6 小时,最多为 16 小时,43.0% 的教师每天工作时间在 10小时及以上,13.0% 的教师每天工作时间在 12 小时及以上,其每周工作时间明显超过了《中华人民共和国劳动法》中每周工作 44 小时的规定。童星(2017)对初中教师工作时间进行调查发现,初中教师每周的工作时间均值达到了 47.5 小时;经济合作与发展组织有关初中教师的调查结果显示,日本教师每周工作时间最长达 53.9 小时,其次分别为加拿大阿尔伯塔州的48.2 小时、新加坡的 47.6 小时、英国的 45.9 小时(王英斌,2014)。哈格里夫斯曾把时间比作教师的敌人,他说:时间是教师的敌人,让教师的期望无法实现。总体来看,已有研究普遍从教师工作时长角度分析了乡村教师工作负担重的现状,对于影响乡村教师工作时长的制约因素也有相应分析,但是分析的维度仍然是从解剖其工作内容入手,缺少更加上位的影响因素分析。

另一方面,关于乡村教师课程教学量及职业倦怠的研究。已有研究普遍指出了当前乡村教师编制不足、教师所教课程数量多、课时量大、职业倦怠感重等问题。比如朱秀红(2020)用实证数据分析了乡村教师教育教学任务重、班级管理事务多、行政辅助工作杂及非教学任务重等问题;李志辉

(2018)研究认为,乡村教师的工作负担过重、职业认同感较低等因素是影响其离职意向的重要因素;赵新亮(2019)研究发现,乡村教师情绪枯竭的问题比较严重,有近 60% 的乡村教师存在明显的情绪枯竭问题,主要是因为繁重的工作负担使他们感到疲惫和精力不支,从而丧失了对教师工作的热情和对职业发展的追求。由此可见,乡村教师工作负担过重的问题得到多数研究的验证,工作负担过重必然会影响到农村学校的教育教学质量以及乡村教师的身心健康状况,这就需要对与之相关的因素进行深入的实证分析。

二、文献计量学分析

为进一步提升国内关于乡村教师主题的研究水平,丰富研究视野,本书对国际权威期刊有关乡村教师研究文献进行计量分析,客观全面地了解当前乡村教师研究的国际前沿、发展脉络与知识基础,揭示未来乡村教师研究的热点主题与发展趋势。

(一)数据来源与分析方法

本研究以 SSCI 数据库为数据来源,借助美国科学技术信息情报所的 Web of Science 文献检索平台,检索项设定主题为"rural teacher",时间范围为 2000—2016 年,共收集文献 1125 条,通过筛选文献类型,剔除书评、会议综述、勘误等非学术性文章,共获得有效文献数据 1097 条。分析文献数量的时间演进可知,国际学术界对乡村教师主题的研究给予了持续不断的关注,研究成果总体上呈现出明显的增长态势,样本采集数据详见图 2-1。

依据图书情报学中的 Bradford 定律可知,某一专业领域的核心论文往往集中发表在少数顶尖杂志上,这些论文基本涵盖了该领域的总体状况。因此,本研究对 1097 篇样本文献的发文期刊进行统计,旨在探索哪些 SSCI 期刊对"rural teacher"主题研究的关注度较高。本研究统计了发文数量超过 14 篇的 7 本期刊,分别是《国际教育发展期刊》《教学与教师教育杂志》《南非教育杂志》《农村与远程卫生杂志》《国际全纳教育杂志》《教育观察》与《师范学院学报》。本研究对 1097 篇文章进行了文献计量学和内容分析法的统计分析。文献计量学方法是以本研究领域文献的外部特征为研究对象,以输出量为量化的信息内容为主要特点,采用数学与统计方法来描述、

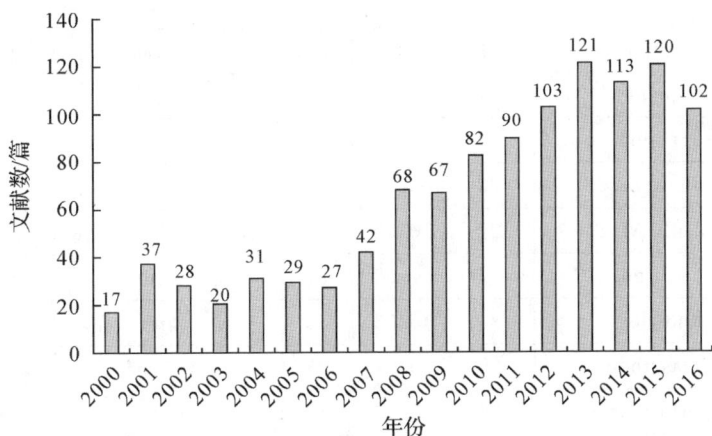

图 2-1　国际乡村教师研究文献年度分布

评价和预测本领域的现状及发展趋势(赵新亮等,2015)。

(二)数据统计与结果分析

1. 研究主题与前沿热点分析

关键词是学术论文中最能揭示研究主题、反映主题信息特征的词汇或短语,是每一篇文章的核心与精髓,也是检索科研成果的必备元素,可以通过关键词统计分析乡村教师主题研究的总体现状、热点和趋势。运用CiteSpace 软件对 1097 篇样本论文进行关键词词频共现分析,经过归纳整理,剔除无关词项,形成了高频关键词列表,详见表 2-1。

表 2-1　国际乡村教师研究高频关键词分布

序号	关键词	频次	中心度	序号	关键词	频次	中心度
1	education	161	0.12	9	health	47	0.09
2	children	131	0.09	10	intervention	45	0.16
3	teacher	124	0.07	11	program	44	0.07
4	school	120	0.14	12	rural	40	0.03
5	adolescent	82	0.08	13	community	38	0.06
6	student	75	0.07	14	gender	34	0.03
7	achievement	68	0.13	15	impact	31	0.02
8	behavior	62	0.17	16	perception	31	0.03

续表

序号	关键词	频次	中心度	序号	关键词	频次	中心度
17	quality	31	0.02	27	model	24	0.02
18	China	29	0.07	28	academic achievement	24	0.06
19	rural school	28	0.01	29	family	23	0.06
20	south Africa	27	0.02	30	elementary school	20	0.01
21	attitude	27	0.02	31	adjustment	19	0.09
22	knowledge	26	0.02	32	care	19	0.03
23	classroom	26	0.07	33	experience	19	0.02
24	performance	26	0.03	34	United States	18	0.00
25	perspective	25	0.03	35	rural education	17	0.01
26	prevention	24	0.01	36	teacher education	16	0.02

同时,对关键词共现图谱构建中的阈值进行设置,主要包括节点出现频次、节点共现频次和余弦相关系数,具体阈值为 2,2,20;4,3,20;4,3,20,绘制了共现图谱。从共现图谱中的节点大小寻找关键节点,以便揭示 2000—2016 年国际乡村教师研究领域的热点主题,其中最大的节点是教育、孩子和教师,表明已有乡村教师研究成果高度聚焦于农村教育、学生成长和教师发展等。此外,比较明显的节点还有青少年、成绩、行为、健康、介入、计划、乡村等主题,可见整体上对农村学生发展、教育教学改善等问题的关注度较高。为更加深入地分析高频关键词间的亲疏关系,进一步探索乡村教师主题研究的国际前沿,借助 CiteSpace 软件对关键词共现聚类与突现主题词形成的叠加图进行统计,详见表 2-2。

表 2-2　国际乡村教师研究的高频突现主题词共现聚类

聚类	大小	轮廓值	标签词(TFIDF)	标签词(LLR)	标签词(MI)	平均发表年份
0	62	0.592	方法论建议、合法性	儿童活动	专业发展;授课;孩子;失败;教师;风险;学生;学校;困难;残疾、无力	2005
1	54	0.602	焦虑、儿童来源	健康服务有限公司	混合式学习;希赛可系统;英语教学;长期整合;定期检查;学生成绩;阅读理解;影响;元分析;演讲;学校	2007

聚类	大小	轮廓值	标签词（TFIDF）	标签词（LLR）	标签词（MI）	平均发表年份
2	44	0.634	南非、教育目标	动机	青少年；精神障碍；印度；社区调查；中等收入国家；卫生保健；社会支持；年轻人；全国通病；未成熟；流行；成年人	2007
3	42	0.68	高中、集群	监护人的稳定性	巴索托族文化；家庭动力学；免费义务教育；性别平等；学校；迷信象征；教授；包容气质；男孩；经验；政策；女孩	2004

通过上述内容的关联分析可知,当前国际乡村教师研究领域的前沿热点主要聚焦以下几点。

一是关注乡村教师的专业发展问题:包括教师教育、专业发展、社会支持、长期整合、元分析、方法论建议、社区组织、乡村实践、社会情感语境、弹性等支持乡村教师专业发展的内容;还包括洞察力、知识、态度、经验、动机、演讲、社交技能、调节、学业成绩、成年人、努力程度等体现专业发展水平的内容。

二是关注乡村教师的教学质量问题:包括教授、混合式学习、希赛可系统、模型、增加体育活动、可行性、教室、性教育、农村实践、儿童活动、家庭动力学等乡村教师课程教学的内容;还包括表现、质量、学生成绩、阅读成绩、证据、私立学校影响、学生学习动机、阅读理解、理科、科学、观点、高中、一年级、小学等乡村教育质量的内容。

三是关注落后地区的乡村教师发展问题:包括印度、坦桑尼亚、特立尼达、加纳、巴索托族中等收入国家等及地区的乡村教师研究;也包括乡村教育、区域合作、免费义务教育、全国通病、社区、性别平等、政策、迷信象征、学校资助、规定条款、风险、性别、对照实验等支持乡村教师发展的内容。

四是关注农村师生的身心健康问题:包括定期检查、健康、预防、关心、困难、残疾、焦虑、包容气质、精神障碍、卫生保健、健康服务有限公司等乡村教师职业健康的内容;也包括青少年性健康干预、监护人稳定性、未成熟、合法性、青少年早期饮酒行为、社交网络、预防肥胖、学校卫生方法、保护环境、家庭等乡村学生健康成长的内容。

2. 文献共被引与知识基础分析

知识基础是一个有利于进一步明晰研究热点本质的概念,如果把研究前沿定义为一个研究领域的发展状况,那么研究前沿的引文就构成了该领域热点的知识基础(Chen,2006)。借助 CiteSpace 软件对样本数据进行文献共被引分析,旨在探索当前国际乡村教师研究过程中的知识基础和主题前沿。引文分析的方法能够有效反映论文研究水平和质量,而且指标可靠、易于获取,是探索某个领域研究热点和发展趋势的重要依据。统计当前乡村教师研究领域的前十位高被引文献,详见表 2-3。

表 2-3　国际乡村教师研究高被引文献分布

被引频次	中心度	文献信息		
		作者	发表年份	名称
9	0.03	Corbett M J	2007	Learning to Leave
9	0.03	Rivkin S G	2005	Econometrica
8	0.01	Creswell J W	2009	Res Design Qualitati
8	0.03	Pianta R C	2008	Classroom Assessment
8	0.01	Hattie J A C	2009	Visible Learning：A Synthesis of over 800 Meta-Analyses Relating to Achievement
8	0.04	Balfour R J	2008	Journal of Rural And Community Development
7	0.03	Braun V	2006	Qualitative Res Psyc
7	0.01	Cohen L	2007	Res Methods Ed
7	0.01	Gallant M	2004	Soc Sci Med
7	0.01	Banerjee A V	2007	Q J Econ

通过共被引分析发现,共被引网络中有多个比较突出的关键节点,一定程度上反映出当前乡村教师研究的热点与知识基础,但是从被引频次和中心度值看,前十位高被引文献的媒介作用不够明显,其对整个研究主题领域知识资源的控制力偏弱。因此,本部分将重点挖掘这些关键节点的经典文献,分析其对该领域研究的知识基础价值。首先是加拿大学者米迦勒·科贝特教授的论文《学会离开:一个沿海农村社区学校教育的讽刺》("Learning to Leave：The Irony of Schooling in a Coastal Community"),该研究选取了加拿大新斯科舍省的一个社区进行案例研究,分析了农村社区

与现代教育的关系。文章认为现代教育往往忽视了当地生活资源，没有重视基于地方资源的课程建设，应该在郊区教育中建立社会、经济和文化的连接网络；同时认为当前课程也是在误导农村儿童，让他们认为社区的传统生活方式没有任何价值。文章解释道，如果教育是民主的，并且要服务于社会和文化，那么教育就必须要适应其地域属性的特殊性。

　　第二篇经典文献是美国约翰·克雷斯威尔教授的著作《研究设计：定性、定量和混合方法》(*Research Design：Qualitative，Quantitative，and Mixed Method Approaches*)，该书是社会科学研究领域中科研人员和大学生研究设计的重要文献，属于高级研究方法论的著作。该书对研究设计中的定性、定量和混合研究方法进行比较分析，着重从哲学假设的初步考虑、研究文献回顾、研究方法的应用评价、写作重要性的思考、学术调查伦理等方面对三种方法进行分析。该书还提出了研究过程中的关键要素，并给出了每个方法的具体注意事项。第四版中着重分析了混合方法覆盖范围的深度修订，增加了研究中伦理问题的考虑范围，并突出了对世界观角度的强调。

　　第三篇经典文献是南非罗伯特·贝尔福教授在《农村与社区发展》杂志发表的论文《令人不安的环境：基于生成理论的农村教育研究》("Troubling contexts：Toward a generative theory of rurality as education research")。该文通过对南非乡村教师培训项目的研究，发现农村公共服务的生成性和变化性影响了这些培训项目的实效性，尽管农村公共服务也是出于对农村教育、医疗、就业和扶贫的一片好意。该文认为对农村教育的理解需要充分考虑全球化和社会性的当代理论，考虑社会学和后殖民时代的身份与环境。该研究构建了一个农村教育的生成理论，该理论中有对变量间动态交互作用的分析，也构建了对来自乡村地区研究数据的描述性分析框架。

（三）研究结论

　　进入 21 世纪，国际上对乡村教师主题的研究呈现逐年增长态势，乡村教师主题的研究得到学术界持续不断的关注，样本文献集中发表在《国际教育发展期刊》《教学与教师教育杂志》《南非教育杂志》等期刊，研究领域聚焦教育教学和心理学两个学科，深度分析 2000—2016 年样本数据后形成 3 个研究结论。

　　第一，国际上乡村教师主题研究的高产作者有北卡罗来纳大学的法梅尔（Famel）教授、韦龙·费根（Vernon-fagan）教授、斯莫科利（Smokowski）教授，南非曼德拉大学的朗加（Lange）教授等。根据普赖斯的理论，乡村教师主题研究的核心作者群尚未形成，但是上述高产作者对该领域进行了长期的关注，是该领域比较有影响力的学者，他们有效发挥了对本领域研究的前沿引领价值。核心学术机构方面，北卡罗来纳大学、伦敦大学、宾夕法尼亚大学、加州大学及南非夸祖鲁·纳塔尔大学等机构的发文量、被引频次和H指数较高，上述机构在乡村教师主题研究领域的学术影响力较大。作者群体所在国家方面，美国、英国、澳大利亚等发达国家占据着国际乡村教师研究的主要位置，南非、中国、印度、坦桑尼亚等发展中国家也是乡村教师主题研究的重要力量。

第二，国际上乡村教师主题研究的热点聚焦于四个方面：一是关注乡村教师的专业发展问题，包括对乡村教师专业发展的支持措施和体现乡村教师专业发展现状的内容；二是关注乡村教师的教学质量问题，包括乡村教师的课程教学和乡村教育质量的研究内容；三是关注落后地区的乡村教师发展问题，包括对中等收入国家或地区的乡村教师研究，以及支持薄弱地区乡村教师发展的内容；四是关注农村师生的身心健康问题，包括乡村教师职业健康和农村学生身心健康成长的研究内容。从乡村教师研究关键词的年度主题演进图来看，农村地区的教师发展、教学质量和学生成长始终是该领域研究的一条主线。

第三，支撑上述研究热点的经典文献是国际乡村教师主题研究的重要知识基础：一是《学会离开：一个沿海农村社区学校教育的讽刺》（米迦勒·科贝特），提出现代教育应重视基于当地生活资源的课程建设，深入研究社区的传统生活对农村教育及学生发展的重要价值；二是《研究设计：定性、定量和混合方法》（约翰·克雷斯威尔），指出对研究设计中的定性、定量和混合研究方法进行比较分析，重点是混合研究方法；三是《令人不安的环境：基于生成理论的农村教育研究》（罗伯特·贝尔福），通过对南非乡村教师培训项目的研究，提出对农村教育的理解需要充分考虑全球化和社会性的当代理论，并尝试构建农村教育发展的生成理论。

第二节 乡村教师支持政策梳理

早在 2003 年,国务院专门发布《关于进一步加强农村教育工作的决定》,这标志着国家启动了对农村教育发展的大力支持,其中也提出了多条关于乡村教师发展的措施,比如建立和完善农村中小学教职工工资保障机制,积极引导鼓励教师到乡村中小学任教,加强乡村教师和校长的教育培训工作等举措。此后,中央政府陆续出台了多项促进乡村教师队伍建设的专项政策,主要涉及乡村教师的师资补充、专业培训、职称待遇、个人发展及骨干教师支教等方面。

一、乡村教师的补充政策

(一)特岗教师计划

首先是政策提出背景。2006 年 5 月,教育部、财政部等四部门联合印发《关于实施农村义务教育阶段学校教师特设岗位计划的通知》(教师〔2006〕2 号),启动了特岗教师计划,目前该计划已成为中西部地区农村师资补充的重要渠道。北京师范大学郑新蓉等(2012)认为:特岗教师计划是中央对西部地区农村义务教育的特殊政策,主要是为应对当时乡村教师队伍建设的危机:一是乡村教师总量不足,中西部地区教师严重不足,骨干教师流失率比较高,偏远农村地区教师招聘困难;二是乡村教师队伍年龄结构、专业结构不合理,年轻教师、音体美教师十分缺乏;三是教师队伍整体素质不高,学历水平较低,专业发展动力不足。因此,中央推出特岗教师计划,通过公开招聘高校毕业生到西部地区"两基"攻坚县、县以下农村学校任教,引导和鼓励高校毕业生从事农村义务教育工作,逐步解决农村学校师资总量不足和结构不合理等问题。

其次是政策主要内容。"特岗计划"实施范围以国家西部地区"两基"攻坚县为主,包括纳入国家西部开发计划的部分中部省份的少数民族自治州,适当兼顾西部地区一些有特殊困难的边境县、少数民族自治县等。"特岗计划"所需资金由中央和地方财政共同承担,以中央财政为主。中央财政设立专项资金,用于特设岗位教师的工资性支出,特设岗位教师在聘期间,执行国家统一的工资制度和标准。省级财政负责统筹落实资金,用于解决特设岗位教师的地方性补贴、交通补助、体检费、社保及培训等费用(宋婷娜等,2017)。各相关省份要在核定的编制总额内招聘特设岗位教师,鼓励特岗教师在3年聘期结束后,继续扎根基层从事农村教育事业,对自愿留在本地学校的,要负责落实工作岗位、解决编制。

最后,郑新蓉等(2015)的报告显示,2006—2015年全国共招聘50.2万名特岗教师,覆盖22个省3万多所农村中小学,留任率达90%;研究表明,实施"特岗计划"极大地缓解了中西部乡村教师数量短缺问题,提高了乡村教师的学历、年龄及学科结构。因为特岗教师的学历层次高,具有较新的教育观念,比较受学生欢迎,逐渐成为农村学校新课改的主力。"特岗计划"的政策评估表明,该政策是受到各方利益相关者好评的政策,该政策既包括对乡村教师快速补充的短期目标,也包含建立常态乡村教师补充机制的长远目标,形成了"国标、省考、县聘、校用"的农村义务教育阶段教师招聘机制,而且各地在编制活用方面也有许多创新之处。

(二)免费师范生与本土化培养

2007年5月,国务院办公厅转发教育部等部门关于《教育部直属师范大学师范生免费教育实施办法(试行)的通知》,这是国家为促进教育发展与教育公平采取的一项重大政策措施,其目的是通过试点,积累经验、建立制度,为培养造就大批优秀中小学教师和教育家奠定基础。免费师范生在校学习期间免除学费、免缴住宿费,并补助生活费,所需经费由中央财政安排。免费师范生入学前与学校和生源所在地省级教育行政部门签订协议,毕业后须从事中小学教育工作十年以上。免费师范毕业生一般回生源所在省份中小学任教,在协议规定服务期内,可在学校间流动或从事教育管理工作。省级教育行政部门负责组织用人学校与毕业生进行双向选择,为每一位毕业生安排落实任教学校,确保有编有岗。在教育部直属师范大学师范生免费教育示范引领作用的带动下,北京、新疆、西藏等地师范专业学生全部实行免费教育,上海、江苏、湖北、四川等地在部分师范院校开展师范生免费教育试点,江西、湖南等地开展免费定向培养农村教师工作,广东、甘肃等地实行高校毕业生到农村从教上岗退费政策,海南、广西与天津职业技术师范大学合作免费培养中等职业学校教师。

2012年,为继续补充乡村地区的优秀人才,教育部等五部门联合印发《边远贫困地区、边疆民族地区和革命老区人才支持计划教师专项计划实施方案》(教民〔2012〕6 号),此方案每年选派 3 万名优秀幼儿园、中小学(含普通高中)和中等职业学校教师到三区支教一年。2018 年,为进一步提高教师素质,培养造就一支适应现代化建设、担当民族复兴大任的教师队伍,教育部等五部门联合印发《教师教育振兴行动计划(2018—2022 年)》(教师〔2018〕2 号),该计划进一步明确了本土化培养的重要价值。一方面是改善教师资源供给,促进教育公平发展。加强中西部地区和乡村学校教师培养,重点为边远、民族地区教育精准扶贫提供师资保障;推进本土化培养,面向师资补充困难地区逐步扩大乡村教师公费定向培养规模;另一方面,实施乡村教师素质提高行动。要求各地以集中连片特困地区县和国家级贫困县为重点,通过公费定向培养、到岗退费等多种方式,为乡村小学培养补充全科教师,为乡村初中培养补充"一专多能"教师,优先满足老少边穷岛等边远贫困地区的教师补充需要。

张松祥(2016)认为,本土化培养乡村教师是培养和培训基于相似的文化背景、血缘关系、生活习惯,具有共同的地域认同、身份认同、价值认同的本乡本土乡村教师。本土化培养,直接动因是培养"下得去、留得住"的教师,终极追求则是培养"教得好、高质量"的乡村教师。目前,本土化培养乡村教师,已经在全国不同地区有实践探索,也取得了一定成效。教育部新出台的教师教育振兴计划,进一步从政策层面强化了本土化培养的发展方向,并将逐步扩大乡村教师公费定向培养的规模,以及实施到岗退费等多种方式,继续为乡村小学补充全科教师。

二、乡村教师的发展政策

受城乡发展不平衡、交通地理条件不便、学校办学条件欠账多等因素影响,我国乡村教师队伍的职业吸引力不强,面临着"下不去、留不住、教不好"的突出问题。为此,2015 年 6 月,国务院办公厅专门印发《支持计划》。《支持计划》的目标内容非常明确,即围绕着怎么让乡村教师"下得去、留得住、教得好",提出 8 项举措全面加强乡村教师队伍建设。在 8 项举措里面,不仅包括了相关政策文件中已经提到的支持措施,比如拓展乡村教师补充渠道、加大培训、城镇优秀教师向乡村流动等,更是突出强调改善乡村教师物质待遇、生活条件和职称荣誉等个人发展措施,着重提高乡村教师队伍的职业吸引力。

《支持计划》中关于个人发展的措施有三条：一是提高乡村教师生活待遇，实施乡村教师生活补助政策，依据学校艰苦边远程度实行差别化补助标准，中央财政继续给予综合奖补，建设乡村学校教师周转宿舍等。二是职称（职务）评聘向乡村学校倾斜，乡村教师评聘职称（职务）时不做外语成绩、发表论文的刚性要求，城市中小学教师晋升高级教师职称（职务），应有在乡村学校或薄弱学校任教一年以上的经历。三是建立乡村教师荣誉制度，从教 30 年以上教师按照有关规定颁发荣誉证书；对在乡村学校从教 20 年以上、10 年以上的教师分别给予相应鼓励。由此可见，《支持计划》通过人、财、物的集中，实施各种支持乡村教师发展的优惠倾斜政策，提高乡村教师的地位待遇，不断改善其工作生活条件。因为要想乡村教师"下得去、留得住"，首要任务是提高他们的地位和待遇，把提高教师待遇水平作为撬动一系列政策的杠杆，来支持和鼓励、吸引人才到乡村去从教。

此外，中央政府也专门出台了关于集中连片特困地区乡村教师生活补助的政策，比如《关于落实 2013 年中央 1 号文件要求对在连片特困地区工作的乡村教师给予生活补助的通知》（教财函〔2013〕106 号），对连片特困地区义务教育乡村学校和教学点工作的教师给予生活补助。教育部教师工作司原司长许涛在政策解读中提到：从实施效果来说，该政策在 2014 年就惠及了全国 118 万名乡村教师，他们平均每人每月增加了 307 元。比如湖南省的凤凰县，该县属于相对贫困地区，但当地政府非常重视乡村教师队伍建设，从 2009 年开始实施乡村教师补贴计划，每月给当地乡村教师补助 1400元，直接效果是原来乡村学校岗位招聘时无人竞聘，现在待遇提高以后，很多城镇老师也想到乡村学校从教。

到 2017 年，我国已经实现了对集中连片特困地区乡村教师生活补助的全覆盖。2018 年，中共中央、国务院印发的《关于全面深化新时代教师队伍建设改革的意见》中也专门提出，要落实艰苦边远地区津贴、全面落实集中连片特困地区乡村教师的生活补助政策等。

三、乡村教师的培训政策

国家有关支持农村教育发展的政策文件中，均明确提出了要加强乡村教师和校长的培训支持，且"国培计划"更是专门针对中小学教师的培训政策。2010 年，教育部、财政部联合印发《关于实施"中小学教师国家级培训计划"的通知》（教师〔2010〕4号），因为中小学教师培训属地方事权，应以地方为主实施，而中央实施"国培计划"，旨在发挥示范引领、"雪中送炭"和促进改革的作用。

"国培计划"主要包括"中小学教师示范性培训项目"和"中西部农村骨干教师培训项目"。中小学教师示范性培训项目是教育部、财政部直接组织实施，面向各省（区、市）的中小学教师的示范性培训，主要包括中小学骨干教师培训、班主任教师培训、紧缺薄弱学科教师培训等示范性项目，为全国中小学教师培训培养骨干，并开发和提供一批优质培训课程资源，为中小学教师专业发展提供有力支持。中西部农村骨干教师培训项目，是按照"国培计划"总体要求，中央财政专项支持中西部省份，实施农村义务教育骨干教师培训项目，对中西部农村义务教育教师进行有针对性的培训。主要包括农村中小学教师置换脱产研修、农村中小学教师短期集中培训、农村中小学教师远程培训。在培训方式方面积极探索采取集中培训、脱产研修、"送教上门"、对口支援和远程培训等多种模式。

从2015年起，"国培计划"集中支持中西部乡村教师校长培训，不断改进培训内容，贴近一线乡村教师实际需求；不断创新培训模式，推行集中面授、网络跟进研修与课堂现场实践相结合的混合式培训；建立乡村教师专业发展支持服务体系，持续提升乡村教师能力素质；优化项目管理，整合高等学校、县级教师发展中心和中小学幼儿园优质资源，实施协同申报，探索教师培训选学和学分管理，形成乡村教师常态化培训机制。"国培计划"的经费保障：示范性集中培训项目经费，主要用于支付培训期间发生的住宿费、交通费、专家劳务费、教学资源费、场地设备租用费和宣传费。培训任务承担机构须按要求编制项目预决算，教育部分期将项目经费拨付到培训任务承担机构。中西部农村中小学骨干教师培训项目经费由中央财政安排专项经费支持。财政部、教育部根据各省（区、市）农村中小学和幼儿园教师数、项目绩效评价结果、省级教师培训经费投入力度等因素核定年度专项资金预算。

四、农村学校的支教政策

城乡之间义务教育师资水平存在明显差距，已经成为制约义务教育均衡发展的核心问题。为发挥城镇教师的示范引领作用，为农村学校提供智力支持,指导乡村教师提升教学水平和育人管理能力,国家在多项支持农村教育发展的政策中提到了城乡教师流动、城镇骨干教师到农村支教等措施。

(一)银龄讲学计划

2018年7月,教育部、财政部印发《银龄讲学计划实施方案》(教师〔2018〕7号),这既是贯彻落实中央关于新时代教师队伍建设"4号文件"的重要举措,也是缓解农村学校优秀师资总量不足和结构不合理矛盾的创新之举。实施银龄讲学计划,旨在发挥优秀退休教师的示范引领作用,该计划提出在2018—2020年面向社会公开招募1万名优秀退休教师。讲学教师服务时间原则上不少于1学年,鼓励考核合格的教师连续讲学。以县为基本单位实施,主要是向国家确定的连片特困地区县、国家扶贫开发工作重点县、省级扶贫开发工作重点县、深度贫困县等,重点向"三区三州"等深度贫困地区倾斜。主要招募校长、教研员、特级教师、骨干教师等,年龄一般在65(含)岁以下,教育教学经验丰富,原则上应具有中级及以上教师职称,以高级教师为主。讲学教师可以根据自己的专业特长开展以课堂教学为主的讲学活动,同时也可根据受援学校的教育教学需求进行听课评课、开设公开课、研讨课或专题讲座,指导青年教师、协助学校做好教学管理和开展教研活动等丰富多样的讲学活动,发挥示范和辐射作用。对讲学教师按月发放工作经费,由中央财政和地方财政按照年人均2万元标准共同分担。各省可根据实际情况,提高工作经费补助标准,高出部分由省级财政负担。

(二)城镇教师支援农村

早在2006年2月,教育部就专门印发了《关于大力推进城镇教师支援农村教育工作的意见》(教人〔2006〕2号),代表性的措施有:一是积极做好大中城市中小学教师到农村支教工作,鼓励和支持城镇办学水平高的中小学与农村学校建立办学共同体。二是认真组织县域内城镇中小学教师定期到农村任教,积极促进城镇学校教师向农村学校流动,定期选派城镇学校教师到农村学校交流任教。三是积极鼓励并组织落实高校毕业生支援农村教育工作,实施"高校毕业生到农村服务计划"和"大学生志愿服务西部计划"。四是组织师范生实习支教,师范院校和其他举办教师教育的高校要组织高年级师范生实习支教。五是积极开展多种形式的智力支教活动,组织开展短期支教、兼职支教等形式多样、灵活有效的智力支教活动。

2014年8月,教育部、财政部、人社部联合印发《关于推进县(区)域内义务教育学校校长教师交流轮岗的意见》(教师〔2014〕4号),规定在同一所学校连续任教达到地方教育行政部门规定年限的专任教师均应交流轮岗。城镇学校、优质学校每学年教师交流轮岗的比例不低于符合交流条件教师总数的10%,其中骨干教师交流轮岗应不低于交流总数的20%。校长交流轮岗的人员范围为义务教育阶段公办学校校长、副校长,校长、副校长在同一所学校连续任满两届后,原则上应交流。校长教师交流轮岗的重点是推动优秀校长和骨干教师到农村学校、薄弱学校任职任教并发挥示范带动作用。在职务(职称)评聘工作中,把教师到农村学校、薄弱学校任教1年以上的工作经历作为申报评审高级教师职务(职称)和特级教师的必备条件。此外,还提出要推进"县管校聘"管理改革,打破教师交流轮岗的管理体制障碍。2014年11月,教育部印发《关于统一城乡中小学教职工编制标准的通知》(中央编办发〔2014〕72号),要求统一城乡中小学教职工编制标准,并且结合本地实际情况制定具体实施办法,鼓励有条件的地方将一般性教学辅助和工勤岗位不再纳入编制管理范围,适当降低教职工编制核定标准。

(三)"三区"人才支持教师专项

2012年12月,教育部等五部门联合印发《边远贫困地区、边疆民族地区和革命老区人才支持计划教师专项计划实施方案》(教民〔2012〕6号),目标是从2013年起至2020年,每年选派3万名优秀幼儿园、中小学(含普通高中)和中等职业学校教师到"三区"支教一年,为推动"三区"普及学前教育、均衡发展义务教育、普及高中阶段教育、大力发展中等职业教育提供人才支持。选派教师来源主要为省会城市、中心城市办学水平高、教育质量好的幼儿园、中小学和中等职业学校。受援县义务教育阶段教师选派工作经费由中央财政和地方财政按照年人均2万元标准共同分担,其中:西部省份由中央财政负担;中部省份由省级财政和中央财政按1∶1比例分担;东部省份由省级财政自行负担。选派工作经费主要用于向选派教师发放工作补助、交通差旅费用及购买意外保险费等补助。其他教育阶段教师选派工作经费由派出地负责。

五、小结

回顾我国乡村教师支持政策的发展历程,已有政策多就某一问题提出具体措施,但仍然需要推进教育体制机制的改革。各项教育政策在出台之前均经过科学严谨的调研论证，并就某一问题提出具体、明确的实施措施，但是个别政策可能会出现"头痛医头、脚痛医脚"的问题，政策执行效果并不理想，可能还需依靠体制机制改革来实现政策目标。目前回顾我国公平导向的乡村教师政策发现，多数政策是围绕某个事项提出具体措施，但是对于影响城乡差异的体制机制问题关注不足。因为每一项政策都会涉及不同的利益群体，政策执行过程也是各相关主体利益博弈的过程，这些社会问题的解决不仅需要有具体的政策措施，更需要教育体制机制改革的支持。此外，为保障乡村教师支持政策的有效落实，还需要加强教育行政执法体制的建设，增强教育行政部门运用执法手段推进政策落实的意识和能力，同时也需厘清"管、办、评"职责，构建政府、学校、社会新型教育治理关系。

此外，乡村教师政策的内容与目标较为系统、完善，但是还需增强政策的操作性与落实，加大教育政策的评估。通过对政策文本的梳理发现，政策之间的内容重合度较高，同一热点问题在多个政策文件中涉及，虽然政策导向不冲突，但是缺少对政策执行方的指导性和约束性。比如关于农村教师待遇、农村师资培训、城乡教师流动等，在多个相关教育政策中均有提到，但是该问题仍未得到有效解决。在对政策目标的分析中发现，多数政策目标设计的定位较高，目标能否实现缺乏科学论证，比如2014年有文件提出"用3—5年时间率先实现县域内校长教师资源均衡配置"，但目前该问题仍然较为突出，即政策目标的设计较为理想，在落实过程中却难以实现。目前教育政策的制定过程较为严谨、科学，各地政府也积极推进政策执行，但是对政策实施效果如何、热点难点问题是否解决等问题缺乏后续的追踪和评估，从而出现就同一热点问题多次出台政策的情况。教育政策评估应是整个政策过程的重要一环，而由第三方机构进行的专业化、科学化、基于大数据实证支撑的教育政策评估是未来发展的重点。

第三章　农村学校的师资现状与生源特征

研究乡村教师的发展问题,需要把其放到特定的历史、文化和现实背景中去看,尤其是要明确乡村教师群体的现实工作状态和其所面临的特殊工作环境。即首先需要明确"哪个群体在农村学校教书"和"谁家的孩子还在农村学校读书"问题,要回答的问题是:是不是专业素养最薄弱的乡村教师在农村学校里坚守? 是不是社会最弱势群体的家庭把孩子放到农村读书? 本章将通过全国范围的调查数据进行描述统计,分析当前农村学校教师群体的来源特征,包括性别、年龄、出生地、家庭条件及学历水平等;同时对乡村教师的工作特征进行描述性分析,包括乡村教师目前的工资待遇、流动性特征、培训机会及自尊心等;还对乡村教师所面对的学生特征进行深入分析,主要包括农村学生的家庭背景、学业成绩和非认知能力等维度,以此来判断乡村教师在开展家校合作、学生管理及教学内容等方面的工作特殊性,旨在为后续相关研究提供比较全面、客观的事实呈现,从而提高乡村教师相关问题研究的有效性。

第一节　农村学校的师资现状

一、乡村教师的人口学特征

分析人口学特征主要是为回答当前"谁在农村学校教书"的问题,通过分析乡村教师群体的性别、年龄、受教育程度、婚姻、家庭及编制身份等信息,了解当前乡村教师群体的基本特征,可为进一步分析乡村教师的补充、流失及教学工作状态等提供研究基础。

（一）乡村教师与县城教师的性别结构相反

分析相关调查数据发现,在农村完小或者小规模学校里面,男性教师占比为 63％,而女性教师较少,但是在乡镇或者寄宿制学校,男性教师占比为 35％,而在县城学校,男性教师仅占 22％,女性教师占据了主体。由此可见,农村学校和县城学校教师的性别结构相反。当然,这主要是针对小学阶段的师资性别结构,其实整个中小学阶段男女教师比例严重失衡现象具有一定的普遍性,在小学阶段更为明显,“阴盛阳衰”现象突出。农村和县城学校教师的性别结构相反,一方面表明农村学校中男性教师更容易留得住,尤其是小规模学校,出于个人安全、婚姻问题,女性教师有更强烈的愿望考入县城,同时女性教师的应试能力更好,更容易被选拔出去。当然,在整个新教师的招考补充过程中,男性在考入事业编制的过程中不具有优势,女生更容易直接考入县城;另一方面,教师男女比例失衡的状况无法随着新教师的补充而自然改善,这和当前师范生男女比例严重失衡关系密切。丁钢(2014)在 2010—2011 年主持的“全国高等师范院校师范生培养状况调查”显示,在校师范生的男女比例表现出明显的不均衡特点,女生达 65.3％,男生仅占 34.7％。

(二)乡村教师队伍年轻化,但面临结构断层问题

根据教育部 2019 年 2 月第四场新闻发布会可知,我国现有 290 余万乡村教师,40 岁以下占比近六成,乡村教师队伍的年轻化现象逐步形成,主要得益于特岗计划和师范生公费教育为农村地区输送了大批高校毕业生。分析相关调查数据发现,乡村教师平均年龄为 39 岁,农村小规模学校教师平均年龄为 42 岁,总体年龄结构呈现年轻化态势。我们在贵州、云南、甘肃等地的调研中也明显感受到乡村教师年龄结构得到较大优化的同时,也面临着年龄结构断层的问题(见图 3-1)。

由图 3-1 可知,目前乡村教师队伍中 41～50 岁教师占比相对较少,而这个年龄段的教师通常是学校的骨干教师,表明农村学校骨干教师队伍相对不足,结构断层明显,不利于青年教师的专业成长以及学校教育教学改革的推进。乡村教师年龄结构断层,一方面是因为教师招募过程中的断档期,在调研中发现,有些地区的农村学校之前已经连续多年没有补充新教师,近两年又集中补充了多名新教师,导致教师队伍结构断层,青黄不接问题突出;另一方面是骨干教师流失,大批乡村优秀教师被选拔进城,导致农村学校骨干教师断层,不利于青年教师培养和学校发展。

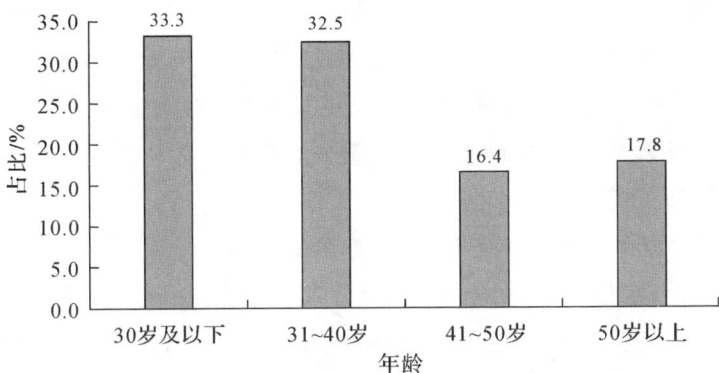

图 3-1　乡村教师队伍的年龄结构

（三）乡村教师队伍来源的"本土化""农村性"特征

我们在调查问卷中设计了出生地、户口类型等选项，以此来判断乡村教师的来源特征，对乡村教师出生地进行分析发现，其来源的"本土化"特征比较明显。分析相关调查数据发现，乡村教师队伍中来自本村的占比 20％，来自本乡镇的教师合计占比 43％，来自本县各个乡镇的教师合计占比 75％，而来自外省的教师仅占 4％。由此可见，乡村教师队伍的来源主要是本地县城范围，本县城教师来源占比 81％，可见其本土化特征比较明显。简要统计乡村教师的出生地情况发现，乡村教师队伍来源的"农村性"特征也比较明显，初步判断至少有 75％的乡村教师来自农村，而且"本省外县"的比例较高。同时，统计乡村教师的户口类型发现，农村户口教师占比 41％，这可能与编制教师的身份数据不相符，但也反映出一定的"农村性"倾向。当然，可能原因是有部分教师是代课教师，他们没有编制，也有部分乡村教师为享受农村户口待遇没有进行"农转非"。

（四）乡村教师的家庭条件相对薄弱

我们调查了乡村教师的住房、家庭职业等情况，发现乡村教师家庭条件相对薄弱。首先，统计显示乡村教师的家主要在乡镇或者农村，在云南、贵州的村完小和四川、河北的寄宿制学校中，仅有 25％的教师住在县城；在甘肃的乡村学校中，有 38％的教师住在县城，而在小规模学校中，仅有 23％的教师住在县城。同时，乡村教师队伍在县城及以上城市买房的比例仅占 32％，而县城教师中则有 87％的人在县城拥有房产。此外，本书还统计了乡村教师家庭种地和经商情况,发现乡村教师家庭经商情况很少,仅有6％,而乡村教师家庭种地情况却比较普遍,占比为61％。农村小规模学校由于在偏远农村地区,其教师种地情况更加普遍,在调研中也发现,有些年龄偏大的乡村教师家属的职业是在家务农,其经济收入来源相对较少,主要依靠乡村教师工资。

(五)乡村教师学历有所提高,职称仍然偏低

总体来看,乡村教师队伍的学历水平得到较大提高,但是对年龄偏大的乡村教师来说,其学历水平通常是中师或职高毕业,新入职的年轻乡村教师基本都是本科学历。首先,从乡村教师队伍的第一学历看,本科及以上学历的乡村教师仅占17.7％,中师及以下学历的乡村教师占比48.3％,即有一半左右的乡村教师的第一学历在中师及以下。从其第一学历看,乡村教师队伍学历水平相对偏低,但是由于历史原因,年龄偏大的教师的学历通常是中师毕业,这在当时是属于较高水平的学历,而且中师教育质量较高,中师毕业生在当前学校中多数属于骨干力量。关于乡村教师的最高学历(大专及以上)情况,详见图3-2。

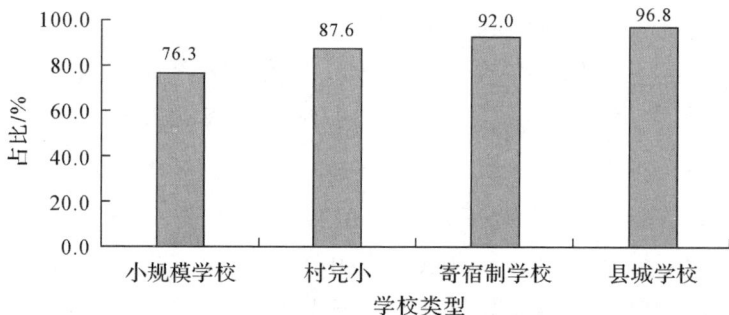

图 3-2　乡村教师大专及以上学历情况

按照大专及以上学历标准,乡村教师最高学历水平有很大提高,大部分教师达到国家对于义务教育阶段教师最低学历的要求。但是从学校类型来看,城乡之间教师的学历水平仍有差距,小规模学校教师的学历水平最低,大专及以上占比仅为76.3％,而县城学校已经达到了96.8％。此外,本研究还统计了乡村教师的职称结构,总体来看中高级职称教师占比相对偏低,初级职称占比仍然较大,为48.9％,高级职称仅占3.2％,无职称者为22.2％,中级职称为25.7％。在实地调研中了解到,《支持计划》实施以来,

乡村教师的职称评定政策将得到很大倾斜,中高级的评聘难度正在降低,其占比也正在逐步提高。很多地区已经对农村学校取消了职称名额的岗位设置比例,乡村教师只要符合晋升下一级职称条件,就可以申请晋级,不受单位名额限制。

(六)特岗教师是乡村教师补充的重要来源

对于中西部农村地区来说,特岗教师是当前乡村师资的补充重要渠道,特岗教师计划自 2006 年实施以来,十余年为农村学校补充了大量的师资,有效缓解了乡村教师数量不足、学科结构不合理等问题。本研究调研过程中我们发现,目前在岗乡村教师中有 13.5% 为特岗教师,不包括曾经是特岗教师的群体;正式编制教师占 81.2%,代课返聘教师占比 5.3%。此外,分地区来看,甘肃、贵州、云南等地的特岗教师占比更高,占比近 20.0%。同时,进一步分析已经取得编制教师的来源发现,其中有 23.0% 的在编教师曾经是特岗教师,而云南、贵州地区更是有近 36.0% 的在编教师曾经是特岗教师。可见,特岗教师是当前偏远地区乡村教师补充的重要渠道。

二、乡村教师的待遇与自尊

在实地调研中发现,《支持计划》实施以来,乡村教师的工资待遇和工作环境有大幅度提高,其职称评定、荣誉获取及培训等机会明显增加,对于确保乡村教师队伍稳定、提高职业吸引力具有重要作用。本研究对于乡村教师工资待遇和工作条件等情况进行统计,用实证数据来分析当前乡村教师的待遇保障等问题,为进一步研究乡村教师职业稳定性、激励机制及专业发展等提供证据支持。

(一)多数地区乡村教师工资已经超过县城教师

《支持计划》实施几年来,乡村教师的获得感有大幅提升,教育部教师工作司王炳明(2017)在研究中提出,部分地区乡村教师工资已明显高于城镇教师,比如湖南省泸溪县在《支持计划》实施后,其村小和教学点教师每月补贴已达到 1400 元,2015 年乡村教师年平均收入达到 6.5 万元,全年高出全县教师平均工资 7000 元。根据相关调查数据,统计样本教师的收入,将部分省份城乡教师工资进行比较后发现,部分地区乡村教师工资收入已经超过城镇教师。在对甘肃的调研中也设计了城乡比较的调查项目①，按照小规模、乡镇学校和县城学校三种类型进行统计发现，小规模学校教师的年工资为5.4万元，显著高于县城学校教师的4.4万元，乡镇学校教师年工资为4.8万元，也高于县城。

近年来，中央出台的支持农村教育发展的政策文件中，基本上都提到了要提高乡村教师待遇，同时要严格落实各项津补贴政策。在同一个县域内，通常是学校位置越偏远的教师补贴越高，即越往基层、越往艰苦地区补助水平越高。比如《关于全面加强乡村小规模学校和乡镇寄宿制学校建设的指导意见》中规定，乡村教师享受乡镇工作补贴、集中连片特困地区生活补助和艰苦边远地区津贴等政策。与乡村教师相比，县城教师则没有这项补贴，而基本工资待遇又是由县里统一发放，按照职称、工龄等指标进行测算，城乡教师一致，所以乡村教师工资待遇的增加部分主要来自乡村教师补贴。此外，对东中西部地区乡村教师工资水平进行统计发现，存在着中部偏低问题，东部地区乡村教师工资最高，西部地区仅次于东部地区，而中部地区最低，即存在经济领域中所谓的"中部塌陷"倾向。同时，在贵州、云南的实地调研中我们了解到，贵州威宁的部分乡村教师月工资已经达到5000～6000元，年均工资在6～7万元，而云南镇雄的教师工资更高，该地虽然地处偏远地区，其教师月工资已经达到6000～7000元，年均工资在7～8万元，已经接近甚至超过了东部地区的教师工资水平，据了解其工资主要来源并非是当地财政，而是大量来自中央财政的转移支付资金。

（二）偏远地区乡村教师办公、生活条件仍有待改善

自2010年开始，教育部、财政部开始实施农村义务教育薄弱学校改造计划，自2012年开始教育部启动县域义务教育均衡发展督导评估，总体上已经取得了较为丰富的成果，显著改善了我国农村地区学校的硬件设施条件。目前，全国大多数地区的农村学校在校舍、办公条件及远程教学设施等方面得到极大改善，教师上课的讲台、电子白板及教学用电脑等也得到了很大的保障，甚至有些偏远的教学点都建有标准化的校舍，并配有信息装备。但是，我们在贵州、云南和甘肃的调研中发现，西部地区乡村教师的办公、生

---

① 注：该数据由教师自己填报，非官方统计数据，可能存在统计口径不一致问题，甚至部分教师不如实填写；同时，调查对象以乡村教师为主，县城教师数量较少，可能县城的代表性不够，结论仅供参考。

活条件仍有待改善,甘肃农村学校的硬件设施条件相对要好,而贵州、云南农村学校的办学条件仍有较大改进空间,学校中有教师宿舍的占比仅为60%左右,部分县市还没有通过国家义务教育基本均衡县验收。同时,我们统计教师的住校天数时发现,规模越小的乡村学校,其教师住校天数相对越少,但是总体上差异不是很大,基本都在3~4天。通过工作时间和住校天数的统计发现,乡镇中心校教师的工作强度最大,工作负担相对较高。

其次,我们对乡村教师的电脑配备情况进行调查,关于学校给个人配备办公电脑的比例,甘肃地区乡村教师占比75%,配备比例相对较高,但是仍然没有达到每人一台办公电脑的标准。我们在云南、贵州的实地调研中发现,多数学校没有给乡村教师配备个人办公电脑,部分农村学校全校只有2~3台电脑。任课教师只能轮流使用电脑,实际上很少有教师去使用,他们通常使用个人手机查阅相关资料或者传送文件,并且有些教师还不会做PPT。学校为数不多的电脑通常是用于学校接收、发送相关行政办公文件,个别电脑还不能联网,甚至处于损坏状态。我们进一步分析了针对贵州、云南、甘肃的乡村学校的调查问卷。研究发现,贵州、云南地区乡村学校的电脑配备情况严重不足,平均3~4个教师拥有一台电脑,而且有些学校的电脑还不能联网,个别地区不联网比例达到近20%,严重影响了乡村教师信息化教学的实践,更不利于乡村教师开展远程研修等活动。此外,上述地区的多媒体教室比例相对偏低,计算机专任教师和计算机课程的开设情况更加不理想,详见表3-1。

表 3-1　不同地区乡村学校多媒体配备及课程

地区	分析指标						
	平均教师数/人	学校平均电脑总数/台	平均学生数/人	无电脑学校比例/%	电脑上网比例/%	多媒体教室比例/%	开计算机课比例/%	专门计算机教师比例/%
云南(70所)	10	2.8(师均0.28)	317	6	81	28	13	1.5
贵州(70所)	15	6.6(师均0.44)	316	3	95	60	15	12
甘肃(54所)	5	8.7(师均1.74)	40	0	91	69	44	28

（三）乡村教师的自尊程度显著高于县城教师

依据相关调查数据，对乡村教师和县城学校教师自尊心的差异情况进行 t 检验发现，乡村教师自尊程度显著高于县城教师，详见表 3-2。

表 3-2　乡村教师与县城教师自尊心得分 t 检验

分类	平均值	标准误	标准差	样本数量
县城教师	32.91	0.19	3.23	285
乡村教师	33.46	0.13	3.01	578
Diff	-0.54	0.22	T	-2.44

注：* 表明 0.1 水平显著，** 表明 0.05 水平显著，*** 表明 0.01 水平上显著。

从表 3-2 中可以看到，乡村教师的自尊程度显著区别且高于县城学校教师，t 检验具有统计学意义上的差异。结果表明乡村教师的自尊程度属于较高水平，对于个体自我价值持一种积极肯定的态度，对于自我接纳程度也较高。当然，根据量表规则，总分范围是 10～40 分，分值越高，自尊程度越高，从两类学校教师的自尊得分来看，其自尊程度均属于较高水平。进一步分析不同类型学校教师的自尊得分发现，小规模学校教师的自尊得分显著高于乡镇和县城学校教师（见表 3-3）。

表 3-3　不同类型学校教师自尊心的组间差异性

学校分类	平均值＋标准差	F 检验统计量	效应量统计
小规模学校（1）	34.46±3.08		1 与 2 比：0.4954015 ［0.4232602　0.5674755］
乡镇学校（2）	33.21±2.25	F＝109.19*** ［1＞2***；1＞3***］	1 与 3 比：0.5047095 ［0.4121127　0.5971767］
县城学校（3）	33.48±2.61		2 与 3 比：0.0892167 ［0.0098263　0.1685936］

注：* 表明 0.1 水平显著，** 表明 0.05 水平显著，*** 表明 0.01 水平上显著（下同）。

组间差异检验结果表明，农村小规模学校教师自尊程度显著高于农村非小规模学校老师和县城老师，但后两组间不存在显著差异。效应量计算统计量显示，小规模学校教师和乡镇学校、县城学校教师之间的得分均值相差 0.5 个标准差。

三、乡村教师的流动性特征

由于农村学校办学条件的历史欠账较多，城乡间经济社会发展不平衡，乡村教师流失一直是制约农村教育发展的关键问题,尤其是青年骨干教师流失问题突出,严重影响了农村教育的可持续发展。我们调查了乡村教师的流动意愿、实际流动次数等,旨在了解乡村教师流动的基本特征和可能原因,为完善解决乡村教师"教得好、留得住"的政策措施提供依据。

（一）乡村教师流动的"向城性"与"返乡性"趋势并存

我们在调查问卷中设计了"近期是否有流动意愿"问题,统计相关调查数据发现,有14%的乡村教师有明确流动意愿,打算调离当前的工作学校。该比例虽然不高,但是上述调查项目均为随机控制实验的基线调研,需要实名统计以便后续追踪,因此可能有些教师不方便透露自己的流动意愿,实际流动意愿可能要高于14%。王艳玲等（2017）对云南省30个县的乡村教师的调查显示,云南乡村教师中有24.1%的教师表示"一直有"流动意愿,有54.1%的教师表示"偶尔有",总体上近80%的乡村教师有流动意愿。

在关于"计划向哪里调动"的问题中,统计发现乡村教师流动的"向城性"与"返乡性"两种特征趋势并存,有27%的乡村教师想调动到县城学校,但是乡村教师的"返乡性"特征更加明显,到县城似乎不是乡村教师的首要选择,因为有30%的乡村教师打算调动到乡镇中心校,而想要离开教育系统的占20%。本研究中"乡镇中心校"选项里面包括了本乡镇中心校和其他乡镇中心校,且有意向到其他乡镇中心校的比例近15%。结合实地访谈了解到,这些教师基本上是想回到自己老家或者回到配偶工作的地方,这部分乡村教师呈现出回到家庭所在地从教的"返乡性"特征,照顾父母或照顾孩子是一个非常重要的流动因素。

在云南实地调研中发现,乡村教师队伍两地分居的现象比较普遍,有些教师每周回家一次,还有些教师每学期才回家一次,这些教师都已经成家立业,自己的孩子也成为留守儿童,得不到很好照顾。基于此,这些乡村教师最大的愿望便是努力工作,考一个好成绩,回到家人身边,而不仅仅是想到县城教书。统计乡村教师的每周住校天数发现,在学校每周住7天的乡村教师通常是1～2个月回家一次,甚至是一学期回家一次。

此外,总体来看乡村教师的流动去向,是以教育系统的内部流动为主,主要是从农村到乡镇或县城,而离开教育系统的"流失"问题不明显。当调查到"如果有更高薪水的职业机会,是否会离开教师这个行业"的问题时,有26%的乡村教师选择了改行,这与前面流动去向的调查基本一致,有20%

的乡村教师计划离开教育系统。在实地调研中了解到,乡村教师主要是通过考公务员或者其他事业单位而离开教育系统,其他渠道相对较少,并且实际上真正离开教育系统的比例显著低于20%,仍然是以教育系统内部流动为主。

(二)乡村教师专业发展的需求高于工资待遇

除了对教师未来流动意愿的调查之外,我们还调查了乡村教师的实际流动次数,即"除了目前这所学校,还在几所学校工作过"。统计相关调查数据发现,乡村教师平均工作学校数为2.08所,有63%的乡村教师流动过一次及以上,只有37%的乡村教师从未流动。进一步对流动过一次及以上的乡村教师进行调查,分析其流动的主要原因,发现专业成长可能是教师流动时考虑的首要因素,详见图3-3。

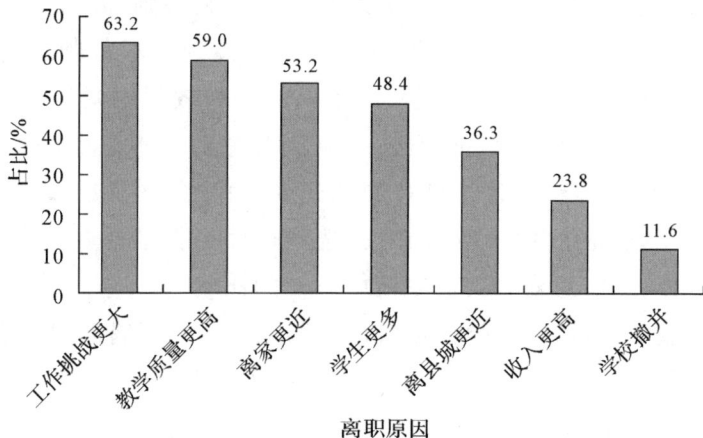

图 3-3　乡村教师对新工作学校的比较

分析图3-3可知,乡村教师认为新学校的主要优势是专业发展因素,比如工作挑战更大、教学质量更高等,表明乡村教师流动的首要目标是为追求更好的专业发展;其次是家庭或生活的便利性,"离家更近"是排名第三的选择因素,占比远高于"离县城更近",相关原因已经在前面分析过了,这里得到一定的印证。当然,排名比较靠后的是工资收入因素,这也说明乡村教师流动的首要目标不是获得更高的工资收入。此外,简要补充两点在实际调研中的发现,一是地方教育行政部门每年会统一组织乡村教师遴选,结果是把乡村学校中最优秀的教师选拔到县城里面,导致乡村学校优质师资流失,不利于城乡之间的师资均衡发展。二是目前实施的特岗教师计划增加了乡村教师的流动频次,教师流动过于频繁并不利于农村学校教学质量的提高,因为在频繁更换教师之后,学生的学习兴趣和学习质量会受到较大影响。

四、乡村教师的培训与获奖

《支持计划》实施以来,支持乡村教师专业发展的措施不断完善,但是当前农村学校教学质量仍然不高,乡村教师的专业化水平仍然较低,其专业能力和教学素养仍有待提高。我们专门调查了当前乡村教师参加专业培训的情况,以及乡村教师在教育教学中获得奖项的情况。

(一)乡村教师的培训机会相对不足

依据相关调查数据分析乡村教师参加培训的情况,统计前一学期参加培训次数后发现,乡村教师的培训机会严重不足,有接近一半的乡村教师在一学期中没有任何培训。

统计显示,有 31% 的教师在一学期中只有一次培训机会,仅有 27% 的教师有 2 次及以上的培训机会,乡村教师队伍的培训机会不足,与国家规定的培训任务仍有较大差距。进一步分析我们在云南、贵州的调研数据,结果也表明乡村教师在过去一年的培训机会严重不足。该指标的统计口径为一年,其培训次数相对多一点,但是仍然有 15% 的教师没有任何培训机会,仅有 53% 的教师有 2 次及以上培训机会,总体培训次数也比较少。结合在该区域的访谈调研发现,当前多数农村学校中教师普遍缺乏培训机会,很多教师自任职以来就没有接受过县级以上培训,在县内组织的培训中,很多教师一年中最多参加一次。乡镇中心校层面很少组织相关教学研讨活动,也很少有专门的培训活动,只有靠学校自己组织一些教学交流活动,但是限于教师水平相当,也没有太多价值。

教师外出培训的机会更少,一方面是因为教师缺乏参与培训的时间和精力,多数乡村学校教师编制匮乏,教师工作量过大,教师外出培训会耽误学生很多课程;另一方面也是因为学校报销程序烦琐,教师需要自己先垫付一些资金,后续报销时间比较长。同时,据部分教师反映,教师在职称晋升和年度考核等方面,都需要有相应的继续教育学时,比如每年 72 学时的规定,然而实际情况是部分教师外出培训机会少,继续教育学时不足,只好通过网上购买学时、购买论文等方式来完成继续教育培训需求。此外,我们还专门调查了乡村教师参加培训的层次,统计相关调查数据发现,乡村教师接受的最高层次培训以县级培训为主,县级以上的培训机会比较缺乏。

统计显示,参加地市级及以上培训的比例仅为 35%,近 70% 的教师培训层次在地市级以下,可见乡村教师队伍的总体培训层次相对不高。其中,参加国家级培训的比例为 20%,之所以高于省级和地市级,主要是因为很多乡村教师参加了教育部组织的"国培计划"项目,而有些项目是采取了远程研修方式进行,所以其比例相对偏高,但是据教师们反映,其培训效果并不理想。

(二)乡村教师获奖的层次较低

乡村教师在教育教学中的获奖情况代表了乡村教师专业发展水平。我们调查了乡村教师教育教学的获奖情况,不同类型学校教师的最高获奖情况详见图 3-4。

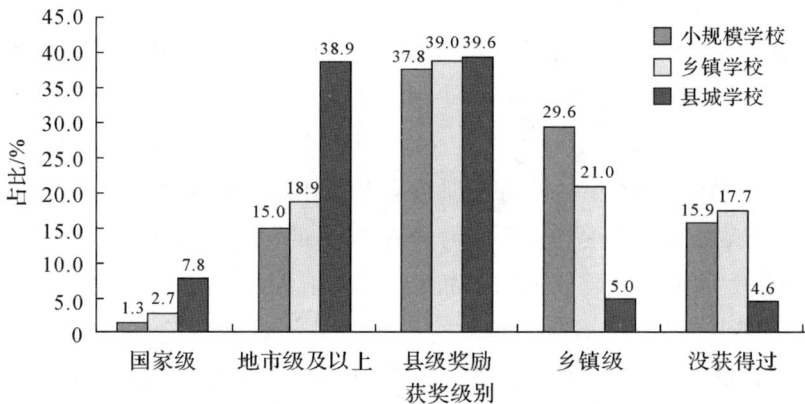

图 3-4 不同类型学校乡村教师获奖情况

分析图 3-4 可知,乡村教师的获奖情况显著低于县城学校教师。一方面,乡村教师的获奖机会相对较少,乡村学校有 17% 的教师从未获得过任何奖项,而县城学校仅有 5% 的教师未获得过奖项;另一方面,乡村教师所获奖项的层次也较低,主要以县级及以下奖励为主,占比在 80% 以上,地市级及以上奖励仅占 17%,而县城学校教师主要以县级及以上奖励为主,占比达到 86%,地市级及以上奖励占比近 40%。由此可见,与县城学校教师相比,乡村教师教育教学的获奖机会比较少,代表着其专业发展的机会和水平相对较低。其中原因相对复杂,一方面是农村学校的平台相对较低,在参与类似的竞赛或评选中处于弱势地位,上级部门分配的名额也相对有限;另一方面可能是农村学校缺乏教师成长的良好氛围,缺乏团队支持和高水平教师的指导。我们在实地调研中发现,同样一位语文教师,在乡村薄弱学校的时候,教学成绩平平,也没有获多少奖,但是在调到县城学校之后,其所带班级的教学成绩有较大提高,而且其自身的专业水平也有明显提升,该老师也在教学优质课比赛中获得了奖项。此外,我们按照地区分类对教师获奖情况进行统计,结果发现,越是偏远贫困地区,乡村教师获奖的层次和机会就越低,教师专业发展水平相对薄弱,即西部偏远地区乡村教师专业发展的层次相对偏低,在教育教学评优过程中缺乏竞争力,故而对偏远地区乡村教师专业发展的支持力度仍有待加强。

第二节　农村学校的生源特征

在我们的相关项目的调研中,均对农村学校的学生发展情况进行了调查和测量,调查内容涉及农村学生的人口学特征、家庭特征、身体情况、睡眠质量及教育经历等,并对学生的心理抑郁、人际交往、沟通能力和创造性倾向进行量表测量,还专门对学生进行了阅读能力测试,收集了农村学校学生学业成绩的管理数据等。样本学生主要以三至六年级为主,各项目累计调查样本学生近 4 万名,样本量具有较好的代表性。

一、家校合作相对少:农村学生家庭背景

(一)农村学生父母受教育程度普遍较低

家庭教育是一切教育的根基,无论学校教育多么重要,也绝不能代替家庭教育的影响和作用;越来越多的家长已经认识到了家校合作的重要性,教育部门也把加强家校合作放在教育改革的重要位置。但是对于农村学校来说,家校合作的实施程度相对偏弱,一个主要原因是农村学生家长的受教育程度较低,教育观念和教育方式相对落后。我们对相关调查数据进行分析后发现,农村学生父母的受教育程度普遍较低,详见图 3-5。

分析图 3-5 可知,农村地区学生父母的学历水平更低,其中 40% 的学生的父亲学历在小学及以下,初中及以下占比达到了 83%。按学校类型进行分析,小规模学校中学生父母学历显著低于县城学校学生家长的学历,略低

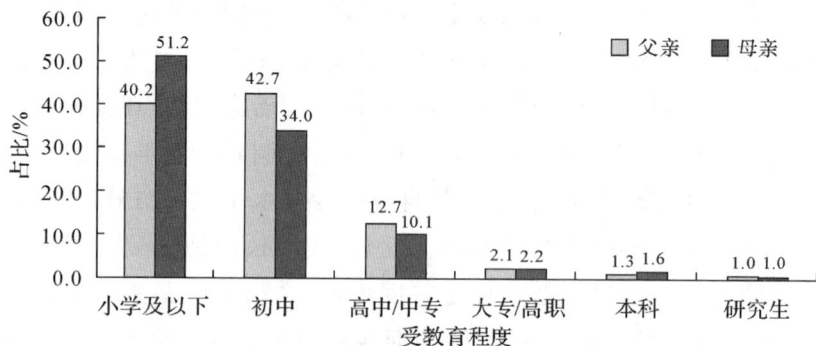

图 3-5　农村学生的父母学历情况

于乡镇学校中学生父母的学历。此外,统计父母的教育期望发现,县城学生父母的教育期望相对更高,县城学生父母期望子女教育程度在大学及以上的比例为 82%,而农村学生父母期望子女教育程度在大学及以上的比例为 73%。

(二)农村学生父母的职业以打工和务农为主

首先,统计相关调查数据发现,农村学生绝大多数是农村户口,占比在96%左右,贵州、云南等地达到 98%,河北、四川等地为 94%。从学校类型看,村小和小规模学校中的学生基本上都是农村户口。基于此,我们统计相关调查数据中学生的父母的职业情况发现,农村学校学生的父母主要以打工和务农为主,职业层次相对偏低。农村学生家长的职业结构略有差异,父亲更多是在外面打工,母亲更多是在家务农和做家务,比如父亲职业类型排名前三的是打工、务工和工人,而其母亲职业类型排名前三的是务农、打工和只做家务。总体而言,农村学生父母的职业层次相对偏低、家庭收入水平不高也影响着其社会阶层地位。进一步统计不同调查数据的父母收入情况发现,乡村学校学生父母的收入水平显著低于县城学校,小规模学校学生父母年收入水平仅在 1.7 万元左右,而县城学校学生父母收入水平达 4 万元左右。当然,该数据为调查对象的自报数据,涉及个人隐私可能存在故意误填情况,结论仅供参考。

(三)农村学校中的特殊类型学生较多

首先是农村学生中留守儿童占比较高。统计相关调查数据发现,留守儿童比例为 60%左右,统计标准为"近一年内,父母一方在外面打工超过半年以上",父母双方都外出比例接近 40%。除了留守儿童之外,农村地区的回流儿童现象也比较明显,统计显示贵州、云南地区有 11% 的学生为回流儿童,即曾经跟着父母外出上学,目前又从城市回到农村上学。此外,我们发现样本地区存在学生留级情况,曾经留级的学生占比 13%,个别是因"控辍保学"任务劝返的学生。其次是单亲家庭学生占一定比例。统计相关调查数据发现,学生父母离异情况占一定比例,农村学校单亲家庭占比 13% 左右,而小规模学校占比达 15%,县城学校占比为 7%。同时,我们在云南、贵州调研时了解到,还存在着一些事实孤儿情况,即父母双方虽然没有离婚,但是事实上不能提供经济支持和照料。当然,前面单亲家庭中也包括了部分丧偶的情况。最后是农村学生中贫困生比例较大。统计相关调查数据发现,样本学生享受贫困生资助的比例为 35.4%,未享受贫困生资助的比例为 47.8%。通过对班主任进行贫困生问卷调查发现,班级中平均有 20 个贫困生,贫困生占班级人数的 43.5%。

综上所述,当前在农村学校就读的学生,通常是弱势群体家庭的孩子,农村中相对有能力的家长通常会把孩子送到乡镇或者县城读书。所以,目前留在农村读书的孩子,有如下一些特征:父母学历水平较低,教育观念落后;留守儿童较多,父母陪伴缺失;家庭经济条件差,受教育资源严重不足;孩子受教育期望低,学习兴趣不高等。基于此可知,农村学校的学生管理和乡村教师的教育教学,是面对着一群相对弱势的群体,如何针对这些群体采取有针对性的教育教学措施,是未来需要重点关注和研究的内容。

二、教学任务挑战大:农村学生学业成绩

(一)农村学生语数外成绩显著偏低

我们收集了某样本县学生 2017—2018 学年第二学期期末考试的统考成绩,全县学生使用同样的考试试卷(同年级),不同学校教师在电脑上交换阅卷。统计语文、数学和英语考试的原始成绩发现,农村学生的语数外成绩显著低于县城学校。按照小规模学校与县城学校的分类进行比较,不区分学生年级,统计语数外原始成绩的差异情况,详见表 3-4。

表 3-4　小规模学校与县城学校语数外原始成绩比较

学科类别	学校类型	平均值＋标准差	效应量统计	t 检验值
语文	小规模学校（52 所）	$68.67 \pm 18.03(n=1036)$	-0.501633 $[-0.5961781$ $-0.4069529]$	-10.55^{***}
	县城学校（4 所）	$76.41 \pm 11.03(n=772)$		
数学	小规模学校（52 所）	$73.70 \pm 20.77(n=1036)$	-0.5235421 $[-0.6182105$ $-0.4287331]$	-10.55^{***}
	县城学校（4 所）	$83.32 \pm 14.60(n=772)$		
英语	小规模学校（52 所）	$74.63 \pm 18.82(n=333)$	-0.7108033 $[-0.8499157$ $-0.5713156]$	-10.55^{***}
	县城学校（4 所）	$85.33 \pm 12.29(n=566)$		

注：* 表明 0.1 水平显著，** 表明 0.05 水平显著，*** 表明 0.01 水平上显著。

由表 3-4 可知，小规模学校学生的语数外平均成绩比县城学生平均低 10 分左右，两类学校间的语数外成绩存在显著差异，t 检验值在 0.01 水平上显著。同时，根据效应量计算统计量来看，小规模学校学生在语文、数学成绩方面与县城学生相差 0.5 个标准差左右，在英语成绩方面相差 0.7 个标准差，英语成绩的城乡差距更大。进一步分析语数外成绩的不及格率，按照成绩低于 60 分即界定为不及格的标准，比较两类学校不及格率的情况发现，小规模学校学生语数外的不及格率显著高于县城学生，语文不及格率达到了 24%，英语为 18%，数学为 2%。

由于不同年级采用的试卷不一样，为进一步了解两类学校间的成绩差异情况，我们对两类学校语数外成绩进行分年级比较（三至六年级）。统计分析语文原始成绩的年级差异情况发现，小规模学校三到六年级学生的语文成绩均显著低于县城学生成绩，总体来看两类学校低年级学生的成绩差距相对偏小，高年级学生的成绩差距相对较大。分年级统计数学原始成绩发现，小规模学校三到六年级学生的数学成绩均显著低于县城学生成绩，而且两类学校同一年级的数学平均分差距显著大于语文。总体来看两类学校低年级学生的成绩差距相对偏小，高年级学生成绩差距相对较大，小规模学校六年级学生数学成绩比县城学生低 1 个标准差。

（二）农村学生学习态度与方法相对偏弱

学习适应性测验（academic adjustment inventory，简称 AAI）是用来测量学生克服内在和外在种种困难取得较好学习效果的一种学习适应能力。我们选取了学习适应性量表的三个维度，分别为学习态度、听课方法和学习技术。对相关调研数据进行分析发现,农村小规模学校学生的学习适应能力显著低于县城学校学生,分别对三个维度的数据进行比较,详见表 3-5。

表 3-5　小规模学校与县城学校学习适应性的差异

分维度	学校类型	平均值＋标准差	效应量统计	t 检验值
学习态度	小规模学校(52 所)	31.19±4.40 (n=1086)	−0.3481924 [−0.4399431 −0.2563509]	Diff=−1.52 t=−7.49***
	县城学校(4 所)	32.71±4.33 (n=806)		
听课方法	小规模学校(52 所)	30.74±4.94 (n=1086)	−0.2189784 [−0.3103392 −0.1275601]	Diff=−1.07 t=−4.71***
	县城学校(4 所)	31.80±4.78 (n=806)		
学习技术	小规模学校(52 所)	28.88±5.21 (n=1086)	−0.2754399 [−0.3669484 −0.1838591]	Diff=−1.46 t=−5.92***
	县城学校(4 所)	30.34±5.41 (n=806)		

注:* 表明 0.1 水平显著,** 表明 0.05 水平显著,*** 表明 0.01 水平上显著。

分析表 3-5 可知,小规模学校学生在学习态度、学习技术和听课方法三个维度上的学习适应能力,均显著低于县城学校学生,t 检验值均在 0.01 水平上存在显著差异。本部分采用效应量统计来衡量组间差异,主要衡量两组平均值之间相差多少个标准差。

首先,两类学校学生在学习态度方面差距最大,小规模学校学生与县城学校学生之间的均值相差约 0.35 个标准差,其 95% 置信水平上的置信区间显然不包含 0,可以认为小规模学校学生的学习态度得分在实际意义(相对于统计意义)上显著区别且低于县城学校学生得分。学习态度主要反映了学生的学习兴趣、学习主动性以及对课业的学习态度等,可见,小规模学校学生在学习兴趣、学习主动性及课业学习态度等方面显著低于县城学生。

其次,在学习技术方面,小规模学校学生的学习能力也显著低于县城学校学生,两者之间的均值相差约 0.28 个标准差,其 95% 置信水平上的置信区间显然不包含 0,即小规模学校学生学习技术得分显著低于县城学校学生。学习技术主要反映了学生对知识的学习方法、深入思考、阅读及做笔记等方面,可见,小规模学校学生在学习方法、深入思考、阅读及做笔记等方面显著低于县城学生。

最后,在听课方法方面,小规模学校学生的听课方法也显著低于县城学校学生,两者之间的均值相差约 0.22 个标准差,其 95% 置信水平上的置信区间显然不包含 0,即小规模学校学生听课方法得分显著低于县城学校学生。听课方法主要反映了学生的听课注意力、课堂准备与复习、考试技巧等,可见,小规模学校学生在听课注意力、课堂准备与复习、考试技巧等方面显著低于县城学生。

(三)农村学生学习方式与学习深度相对不足

Biggs(1987)将学习方式划分为三种类型:表层式学习方式、深层式学习方式及成就式学习方式,其中每种方式又包括对应的动机和策略。本研究采用 Biggs 编制修订的学习方式量表 LPQ (Learning Process Questionnaire),保留原问卷的六个分维度,分别为表层动机、深层动机、成就动机、表层策略、深层策略及成就策略。利用某样本县的调研数据进行分析,比较小规模学校学生与县城学校学生的差异,统计结果见表 3-6。

表 3-6　小规模学校与县城学校学生学习方式比较

维度	学校类型	平均值＋标准差	效应量统计	t 检验值
表层学习	小规模学校(52 所)	8.81 ± 1.55 ($n=1086$)	0.2437723 [0.1522869 0.3351936]	5.24***
	县城学校(4 所)	8.44 ± 1.42 ($n=806$)		
深层学习	小规模学校(52 所)	10.45 ± 1.87 ($n=1086$)	−0.2677305 [−0.3592168 −0.176174]	−5.76***
	县城学校(4 所)	10.94 ± 1.81 ($n=806$)		
成就学习	小规模学校(52 所)	9.02 ± 1.61 ($n=1086$)	−0.2739581 [−0.3654623 −0.182382]	−5.90***
	县城学校(4 所)	9.46 ± 1.63 ($n=806$)		

注:* 表明 0.1 水平显著,** 表明 0.05 水平显著,*** 表明 0.01 水平上显著。

首先,表层动机是为达到学习的最低要求,在考试及格与学习付出程度之间达到平衡,表层策略是将学习目标范围缩小至最基本的知识要点,并通过死记硬背的方式来记忆它们。从学习效果来看,表层式学习方式以牺牲知识的内在结构关系为代价来保留事实细节,会对学习产生不满、厌烦或者彻底不喜欢的情感体验(王继新等,2018)。由表 3-6 可知,农村小规模学校学生的表层学习方式得分显著高于县城学校,t 检验值在 0.01 水平上存在显著差异。同时,效应量统计显示,两类学校学生之间的均值相差约 0.24个标准差。由此可见,农村学生的表层学习方式更加突出,学习内容仅仅局限于最基本的知识要点,通过死记硬背的方式来达到学习的最低要求,与县城学生的学习方式差距较大。

其次,深层动机来自对所学内容的内在兴趣,同时也为了提升自己在学术性科目(比如数学、科学等)方面的能力,深层策略是通过广泛的阅读发现其意义,并将所学的内容与先前知识建立内在关联等。从学习效果来看,深层学习方式能够帮助学习者理解所学内容的复杂结构,学习者会产生积极的情感体验。由表 3-6 可知,农村小规模学校学生的深层学习方式得分显著低于县城学校,t 检验值在 0.01 水平上存在显著差异。同时,效应量统计显示,两类学校学生之间的均值相差约 0.27 个标准差。由此可见,农村学生的深层学习方式显著偏弱,县城学生则显著较好,即县城学生更多地通过广泛的阅读发现其意义,并将所学的内容与先前知识建立内在关联,培养自己对所学内容的内在兴趣,并提升自己在学术性科目方面的能力。

最后,成就动机是为在考试中获得高分来体现自我和满足自尊,而不管自身对所学知识是否感兴趣,成就策略是仔细计划管理自己的时间空间,学习所有推荐的阅读材料,努力变成一个"模范生"。从学习效果来看,成就式学习方式,尤其当它与深层式学习方式结合的时候,能够让学习者在考试中获得优秀的成绩,并能让学习者产生较好的学业自我概念和满足感。由表 3-6 可知,农村小规模学校学生的成就学习方式得分显著低于县城学校,t 检验值在 0.01 水平上存在显著差异。同时,效应量统计显示,两类学校学生之间的均值相差约 0.27 个标准差。由此可见,农村学生的成就动机和成就策略显著偏弱,县城学生则显著较好,即县城学生更仔细计划管理自己的时间空间,学习所有推荐的阅读材料,目标是在考试中获得高分来体现自我和满足自尊。

(四)农村学生阅读能力比较薄弱

我们在相关调查中,曾专门增加了国际阅读能力测试部分,采用的测量工具是国际阅读素养进步测试,主要供四至五年级学生使用。与发达国家相比,我国样本学生阅读测试答对率相对偏低。当然,我们选择的样本主要来自中西部农村地区,不能代表我国整体情况,测试结果也显著低于国家平均水平。从阅读测试答对率指标看,统计显示我国农村学生的阅读能力相对偏弱,尤其是贵州、云南等西部地区学生的阅读能力更加薄弱。为更准确地分析样本学生的阅读测试成绩,对贵州、云南的测试题目答对数量情况进行分析发现，四年级阅读测试题目共有 22 道，样本学生平均答对 10.2 道题；五年级阅读测试题目共有 26 道，样本学生平均答对 12.3 道题。由此可见，农村地区四五年级学生的阅读测试成绩显著偏低，平均分都在 50 分以下，四年级及格率仅为 25%，五年级及格率仅为 29%，即有 70% 以上的农村学生阅读测试原始成绩不及格。

三、学生管理难度大：农村学生非认知能力

（一）农村学生的抗挫折能力相对不足

一般来说，抗逆力分值越高，表示其抗挫折能力更强。依据相关调查数据，统计样本学生抗逆力量表得分情况，详见表 3-7。

表 3-7　小规模学校与县城学校抗逆力得分比较

学校分类	平均值＋标准差	F 检验统计量	效应量统计
小规模学校（1）	123.68±13.48		1 与 2 比：0.0555481 ［−0.0156595　0.126748］
乡镇学校（2）	122.93±13.60	$F=33.61^{***}$ $1<3^{***}；2<3^{***}$	1 与 3 比：−0.2765627 ［−0.3680745　−0.1849784］
县城学校（3）	127.41±13.46		2 与 3 比：−0.3301976 ［−0.4099248　−0.2504211］

注：* 表明 0.1 水平显著，** 表明 0.05 水平显著，*** 表明 0.01 水平上显著。

由表 3-7 可见，样本学生抗逆力得分平均值为 124，县城学校学生的抗逆力得分均值显著区别且高于小规模学校和乡镇学校学生。县城学生抗逆力量表得分较高，反映出其在处于困难、挫折等逆境时具有一定的心理协调和适应能力。总之，数据显示农村学校学生的抗挫折能力显著低于县城学生，原因有家庭、学校等多个因素。

（二）农村学生的沟通交流能力相对偏弱

学生沟通交流能力量表由 20 个题目组成，主要包括交流意愿、建设性交流、破坏性交流、准确表达和认真倾听等维度。使用某样本县的调查数据，统计样本学生沟通交流能力得分情况，详见表 3-8。

表 3-8　不同类型学校学生沟通交流能力差异

学校分类	平均值＋标准差	F 检验统计量	效应量统计
小规模学校(1)	54.61±6.82		1 与 2 比：0.0069352 [−0.0642576　0.0781271]
乡镇学校(2)	54.56±7.24	$F=12.33^{***}$ $1<3^{***}$；$2<3^{***}$	1 与 3 比：−0.1934588 [−0.2847644　−0.1021023]
县城学校(3)	55.95±7.05		2 与 3 比：−0.1930401 [−0.2725162　−0.113535]

注：* 表明 0.1 水平显著，** 表明 0.05 水平显著，*** 表明 0.01 水平上显著。

分析表 3-8 可知，沟通交流能力量表共计 80 分，样本学生沟通交流能力平均得分为 54.8，其中县城学校学生的沟通交流能力得分显著区别且高于小规模学校和乡镇学校学生。由此可知，农村学校学生的沟通交流能力显著低于县城学生，而沟通交流能力也将影响到教师与学生的互动、课堂教学组织及学生学业成绩等。为进一步了解学生沟通交流能力的具体情况，对相关调查数据进行分析发现，样本学生建设性交流得分最高、破坏性交流得分最低，表明学生能够掌握有效的沟通方式，积极与师生进行有效交流，同时也没有明显的破坏性交流倾向。此外，样本学生在交流意愿、认真倾听、准确表达和非语言交流方面得分基本一致，属于中等水平范围，样本标准差较小，学生间沟通能力差异不明显。

(三)农村学生的创造性倾向显著偏低

我们对学生的创造性能力进行测量，采用了威廉斯的创造性倾向量表，主要包含冒险性、好奇心和想象力三个维度。主要目标是测量个人的创造性倾向，它可以用来发现那些有创造性的个体，创造力高的个体在进行创造性工作时更容易成功，创造力低的个体则循规蹈矩，更适合进行常规型工作。使用相关调查数据统计样本学生创造性倾向得分情况，详见表 3-9。

表 3-9　不同类型学校学生创造性倾向的差异

学校分类	平均值＋标准差	F 检验统计量	效应量统计
小规模学校(1)	125.91±17.09		1 与 2 比：−0.1288785 ［−0.200124　−0.057615］
乡镇学校(2)	128.12±17.16	$F=35.78$ *** $1<2$ ***；$1<3$ ***； $2<3$ ***	1 与 3 比：−0.3867119 ［−0.4786143　−0.294709］
县城学校(3)	132.62±17.68		2 与 3 比：−0.2601990 ［−0.339781　−0.180578］

注：* 表明 0.1 水平显著，** 表明 0.05 水平显著，*** 表明 0.01 水平上显著。

分析表 3-9 可知，样本学生创造性倾向得分平均为 128.4，其中县城学校学生的创造性倾向得分显著区别且高于小规模学校和乡镇学校学生，而乡镇学校学生的创造性倾向得分显著区别且高于小规模学校学生。由此可知，农村学校学生的创造性倾向得分显著低于县城学生，小规模学校学生的创造性倾向能力最低。同时，对贵州、云南的调研数据进行深入分析，按照冒险性倾向、好奇心倾向、想象力倾向等三个维度展开，即样本学生的创造性思维能力相对偏低，平均分为 119 分，而创造性思维量表的总分为 190 分；样本学生创造性倾向得分的标准差为 16.61，数值较大，说明学生间的差距比较明显。其中，学生创造性倾向的三个维度得分比较均匀，单题平均在 3.14 分左右；冒险性倾向的得分方差最小，表明学生间的差距相对较小；好奇心倾向的得分最高、标准差最大，反映出学生的好奇心比较浓，学生间差距较大。

(四)农村学生心理抑郁情况比较突出

我们采用的抑郁量表来自美国儿童抑郁研究中心编制的 CES-DC 量表，该量表在国际上也广泛应用于对普通人群进行抑郁症状况筛查。一共 20 个题目，主要是通过记录最近一周内被调查对象经历相关感受的次数进行测度。量表总分为学生抑郁得分，得分越高表示学生抑郁程度越严重。统计分析相关调查数据，详见表 3-10。

表 3-10　不同类型学校学生抑郁得分的差异

学校分类	平均值＋标准差	F 检验统计量	效应量统计
小规模学校（1）	21.83±8.41	F＝60.02*** 1＜2*** ；1＞3*** ； 2＞3***	1 与 2 比：−0.1389062 ［−0.2101612 −0.067632］
乡镇学校（2）	23.07±9.23		1 与 3 比：0.3143452 ［0.2226322 0.405976］
县城学校（3）	19.09±9.06		2 与 3 比：0.4330918 ［0.3530228 0.5130964］

注：* 表明 0.1 水平显著，** 表明 0.05 水平显著，*** 表明 0.01 水平上显著。

　　通常以 15 分作为临界点来考查学生的抑郁检出率，从表 3-10 的数据可知，全体样本学生心理抑郁得分平均值为 22.04，显著高于抑郁检出率的临界值。从学校类型看，小规模学校和乡镇学校学生的抑郁得分显著高于县城学生。同时，小规模学校学生的抑郁得分显著低于乡镇学校学生，表明乡镇学校学生的抑郁风险最高。进一步对不同区域学生抑郁情况进行比较发现，越是落后地区学生的抑郁风险越高，经济越好的地区学生抑郁风险越低。比如河北和四川的调研数据显示，样本学生的抑郁得分均值为 18.49，而贵州、云南样本学生的抑郁得分均值为 22.89。

第四章 乡村教师的流动意愿及影响因素

当前农村教育发展中仍然面临着严峻的骨干教师流失问题,作为乡村教育的新生力量和未来的中流砥柱,如何留住乡村教师仍然是一个急需深入研究的问题,这也将直接影响到新时代我国乡村教育的可持续发展。目前国内外对农村青年教师的离职行为尚缺少深入而系统的理论探索,本章将借助组织嵌入理论对农村青年教师的离职行为进行深入的个案诠释,探索其行为背后的综合影响因素。同时,已有研究普遍关注了工资收入与教师流动的关系,但是工资待遇是否是影响教师流动的首要因素,尤其是在经济发展水平显著提高的时代背景下,其对乡村教师流动的影响程度如何,是否有其他更加关键的因素制约其流动,这些问题均需进一步深入探讨。本章也将通过大规模的调查数据,对工资收入与乡村教师流动的内在关系进行实证分析,探索两者的关系及发展规律,为提出有针对性的政策建议奠定基础。

第一节 农村青年教师离职的个案分析

据教育年鉴统计,在 2010—2013 年期间,我国乡村教师数量从 472.95 万人降为 330.45 万人,流失率高达 30%,其中尤以受过良好教育的青年教师为主。有学者呼吁,假如再不采取有效措施,未来 5～10 年内乡村教师队伍将因为老教师的集中退休而产生"断档危机"(熊丙奇,2016)。随着国家政策对乡村教师关注的不断升温,其离职行为也引起越来越多研究者的关注。研究指出,收入低、社会地位不佳、专业发展制度缺失、精神需求难以得到满足等是造成乡村教师离职的主要原因(刘敏等,2016)。这为我们认识乡村教师的生存现状提供了有益思考,但已有研究多是对整个乡村教师队伍的调查,缺少对青年教师群体的关注。青年教师成长于改革开放后社会环境和价值观念发生巨变的时代，与老一辈乡村教师不同，他们对物质条件有较高的需求，不愿意为了工作牺牲生活质量，看重工作兴趣和工作多样性（张娜等，2008）。在工作中既渴望轻松和谐的人际氛围，同时较强的自尊和自信又使他们对于个人增值和职业发展有着更强的愿望。这些特质如何影响其行为习惯和工作需求，《支持计划》是否观照到他们的行为和认知模式，如何改进乡村教师的激励机制以减少农村青年教师的流失，对于这一系列问题的关注有助于我们优化乡村教师队伍结构、促进乡村教育的可持续发展。

一、研究方法与个案

（一）个案研究方法的适切性分析

传统的离职研究主要考察工作因素对员工主观态度和离职行为的影响，而对于非工作因素关注不足。近年来，非工作因素逐渐引起离职研究者的关注。Mitchell 等（2001）从影响员工留任的因素来理解其离职行为，提出了组织嵌入概念。他认为，即使工作环境不很理想，但嵌入性水平高的组织就像一张网，能使员工陷入其中。高度嵌入的个体也会因诸多依附关系而"束缚"其离职行为，反之亦然。具体言之，这些依附关系一是指离职可能带来的物质、生活或职业前景等方面的牺牲，二是指与同事间工作和非工作的人际交往联系，三是指和组织在价值理念、职业目标和职业发展规划方面的匹配等。目前，对农村青年教师离职行为尚缺少深入而系统的理论探索。组织嵌入理论综合工作和非工作因素提出的"牺牲、联系和匹配"三种典型的"个体—组织"依附关系与农村青年教师的工作期望与要求一致性较高，有助于我们深化对这一群体离职行为的认识，本研究将以其作为理论基础对研究个案进行深入诠释。

采用大样本调查方式研究乡村教师问题，有助于提高研究效率，看清研究问题的概貌，提高研究结论的概推性。同时作为一种横断面研究，它很难充分描述现象发生的过程以及相互影响的作用机制，容易忽略现象发生情境的丰富性和现实性。案例研究以最能体现所有共性特征的个体作为研究对象，通过对具有典型意义个体的研究，形成对某类现象较为深入、详细和全面的认识，包括对"为什么"（解释性个案）和"怎么样"（描述性个案）等的认识。本案例属于解释性个案，主要基于组织嵌入的理论框架，通过设置观测点(见表 4-1),探讨个案中农村青年教师产生离职行为的过程和机理问题。

表 4-1　基于组织嵌入理论的个案研究观测点

观测维度	个案研究中的具体观测点
牺牲	1.与城市教师相比收入差距大吗?是否比其他行业有竞争力? 2.未来职业发展(专业成长、职称、社会声望)前景是否有变化? 3.离职后,工作压力、工作方式变化大吗?是否对家庭产生影响?
联系	1.与学校领导、同事的关系如何? 2.与学生、家长,以及学校所处社区的联系是否密切?
匹配	1.自身的知识、技术、能力是否达到学校要求? 2.教育价值、理念与学校文化匹配性如何? 3.教育教学方式和工作能力是否得到学生和同事的认可?

(二)A 教师情况介绍

A 教师出生于 1991 年,2012 年毕业于 Q 市一所地方师范院校。毕业后回家乡参加了教师招录考试,顺利进入萍乡小学(化名)。萍乡小学建于 1980 年,目前有 6 个教学班,在校学生 130 人,在编教师 13 人。除了两名教师第一学历为本科外,其余均为普通高中或专科学校毕业。教师平均年龄超过 45 岁。总体而言,教师队伍学历偏低、年龄偏大,这是大部分农村学校的典型特征(范先佐,2015)。与中西部乡村教师工资低的情况不同,萍乡小学地处经济较为发达的东部沿海地区。新入职的 A 教师月工资 4000 元(与市区新教师工资持平)。其余教师平均工资 6000 元,退休教师养老金有将近 8000 元。总体而言,教师收入在当地属于上游水平。近年来,随着国家和地方政府对乡村教育重视程度的不断提升,萍乡小学的办学条件得到改善。学校修建了煤渣跑道、师生厕所和教工食堂,开通了去城区的班车,居住在城区的教师坐车 40 分钟可以到家。Q 市规定学生不足 300 名的学校按 300 名学生的生均经费发放,因此办公经费也比较充裕。

> 地方师范院校的毕业生能回家乡考录教师编制,不仅是父母,而且自己都是比较满意的。毕竟当年我们班很多同学毕业了都没有找到工作,她们也挺羡慕我的。

当前,农村青年教师大部分来源于原籍,毕业于层次较低的师范院校。

在竞争激烈的劳动力市场筛选机制中，获得正式编制的教师工作能给其带来更多的社会保障和稳定的依赖感，这对于"单位制"文化尚存的中国社会来说仍然是他们较优的选择（田毅鹏等，2009），因此初入职时 A 教师对工作比较满意。但工作不到一年就有调离之心，并终于在 2016 年 7 月调往城区小学。笔者于 2015 年 2 月结识 A 教师，在两年期间通过访谈、现场观察、工作笔记查阅等多种方式尝试理解、思考、分析 A 教师离职行为背后的原因。

二、案例分析与发现

（一）"冗忙的日常"和"茫然的未来"带来的牺牲感加剧

"牺牲"从留任角度理解意味着因工作变换可能产生的物质、生活或职业前景等方面损失而形成的组织"黏力"。假如离职有助于在这些方面受益，那么行为者的离职动力会加强。随着各级政府加大乡村教育的扶持力度，乡村教师在工资待遇、职称晋升和荣誉制度等方面较城市教师更有一定优势，但农村青年教师对自己当下生活和未来发展有更多的期许，物质激励并不能弥补繁重的工作负担和专业发展平台缺失带来的牺牲感。

第一，"冗忙无我"的日常。由于教师紧缺，萍乡小学实行了"包班制"的教学管理模式。A 教师需要承担班级所有科目的教学，还包括学生管理和学校的部分行政工作。繁重的工作经常让 A 教师感觉失去了自我并产生了严重的焦虑和疲惫之感。"从早到晚都要在教室，主副科轮番上……学生管理工作量也很大……除了教学，还负责校园安全工作，定期上报各种假期安全责任书、学生溺水安全教育、交通安全教育、校车规范接送文件……几乎没有一点个人生活空间……工作要努力，但我也不愿意为了工作牺牲自己的生活。"

年轻教师相对而言是追求自由的一代，他们希望工作中有更多自主的时间和空间而非烦琐事务的堆积，同时也更看重生活质量。当工作和个人生活冲突累积的负面情绪触动到 A 教师可以接受的阈值且没有得到有效缓解时，她就会积极寻找替代工作或直接选择离职。"应付上级检查也是老师的重要工作……每学期都有。上次市局检查，我没日没夜地根据校长要求准备了 52 个档案袋的假材料。工作中这些不得不做的无意义琐事让我很无奈。"

形式主义应付作为一种非正式的组织现象不仅在个别教育行政行为中出现,在学校的日常工作中也不少见(杨爱平,2012)。A 教师工作之余还要根据领导要求"虚假"应付上级各行政部门的检查。当琐碎、乏味、无意义成为日常工作的常态而又无力反抗时,人便会滋生出强烈的失望、沮丧和烦躁等负面情绪。

第二,茫然无望的专业发展前景。处于职业发展起步阶段的年轻员工具有更高的自我实现需求,渴望被别人认可。较之于物质回报,他们更注重工作本身(符合个人兴趣、有价值、重要、有趣和有弹性)对自我偏好的满足程度以及未来的发展前景,不愿意为了物质回报而牺牲个人兴趣和未来发展。

> 年轻教师不是靠钱就能激励的,还要考虑长远发展。在这儿参加培训的机会很少,因为教师太少了,教学很难协调……有时候觉得自己这么年轻,长期待在相对闭塞的环境中,怎么发展进步?

> 去年参加赛课,我托关系找了镇上优秀老教师指导,短短一个星期学到的东西比过去(在萍乡小学)三年还多……这时我才意识到在封闭的文化中,我的专业视野受到了很大局限。

青年教师会积极地积累工作经验和社会资本,以获得更好的晋升机会和职业发展空间(王聪颖等,2015)。但在稍显闭塞的萍乡小学,A 教师的专业发展资源却非常匮乏,而且受传统农村文化的影响,萍乡小学中长幼和尊卑的等级观念仍然挥之不去。

> 职称评价主要是"熬资历"。出一门市级优质课、一篇国家级刊物论文加 3 分,但是资历长一年就加 3 分。为避免矛盾,学校里的荣誉也是"按需分配"。

"熬年头"的资历导向和行政干部优先考虑的职称评价体系在其他教师看来司空见惯,却让成长于民主自由时代的 A 教师产生了严重的愤愤不平和消极怠工情绪,她难以接受自己成为资源配置和权力分配不公平的牺牲者。

(二)"格格不入的同事"和"隔绝的环境"产生的联系感缺失

"联系"反映教师与同事、学生和家长等之间建立起来的千丝万缕的正式和非正式的依赖关系。联系越深,员工越习惯于依赖这一网络存在而不轻易离开(Allen D G,2006)。与组织间良性的正式和非正式联系,一方面有助于青年教师获得与工作相关的信息需求,降低刚进入新单位的不确定性和焦虑感;另一方面,也有助于其产生支持和信任感,在情感上增强与组织的一致性和认同程度,从而产生更多有利组织的角色外行为(李永周,2016)。

第一,格格不入的同事。个体生存和发展无法离开群体而存在,只有被纳入所在群体才会减少个体孤立感。萍乡小学除了 A 教师,只有一名 30 岁出头的年轻教师。其他教师的工作激情早已褪去,生活重心也偏于家庭。A 老师长年在外求学的经历以及年龄差距使她与同事之间较少有共同话题,彼此交流很少。

> 办公室年龄大点的男教师闲暇时都是讨论国家大事,年纪轻的都上网玩游戏。女教师一般谈家长里短,聊孩子。他们偶尔还聚在一起打个麻将,我不愿意加入其中,经常有被边缘化之感。同事之间谈不上什么专业学习氛围。有时候教学中不明白的问题想请教老教师,常常被他们敷衍地挡回来。他们会半开玩笑地说我太认真了。还有一些同事兼职做小生意。有时候感觉大家不是一个世界的人。

在中国城镇化的进程中,乡村社会在不断萎缩和衰弱。留在乡村的教师不论在经济上还是社会地位上都不占优势。长期生活于封闭的环境中,大部分老师已经习惯了闲散的生活,专业上难以再有发展,自然不愿突破自己的"舒适地带"。萍乡小学不论工作环境还是办公文化,与 A 教师的期待都有较大差距,长此以往,她逐渐有了格格不入的"坐冷板凳"感,觉得自己成为被忽略的"边缘人"。

第二,隔绝的外界环境。萍乡小学所在的村是 A 教师从小成长的地方。对她而言,这里有"地缘、亲缘、血缘"的关系网笼罩,不论是乡亲、乡音还是乡村的景致都并不陌生,但较长时间的城市生活已使她对家乡的情结日渐淡化。毕业后再回到这里工作,她已经有了疏远和不适应感。

> 其他老师一辈子生活在这里,不论对学校还是对村子都很有感情。和家长打交道,参加村里的公共活动,和村民在生活上的往

来,他们都如鱼得水。我虽然也在这里长大,但初中就去城区上学了,算来也离开十多年了,现在也住在城区,心理上其实与这里是疏离的。

年长一代的乡村教师大多在乡村结婚生子,他们同乡村的环境联系较为紧密,对乡土文化也有更多的理解。但 A 教师十余年的城市生活经历让她已经有了非本土化的倾向,与家乡的天然关系不断减弱,缺乏与乡土社会联系与互动的动力。此外,自身的向城性特质等也使她不愿意融入所在的环境。

> 工作后圈子变得特别小。大部分学生家长在外打工,联系较少。平时教学任务重,我的空间还是局限在学校围墙之内。我们学校和乡村的联系也不多。下了班,定点坐班车匆匆往家赶。这种生活蛮脱节的,既与生活的城区脱节,也与工作的乡村脱节。

作为第一代完成离土、离乡和离农的农村青年教师,轻松愉快、灵活有趣的工作环境是吸引他们的重要内在性因素。有调研显示,近半数青年教师在重新回到家乡后较难融入当地的环境。16%左右的人认为他们和当地居民没有共同语言,和同事、家长的交流也不足(郑新蓉等,2017)。A 教师也表达出基本封闭于校园、工作和生活的空间较小、单调乏味的工作环境不能满足她人际社交的需求。

(三)“理念的落差”和“迷失的少年”导致的匹配性背离

“匹配”指的是教师个人的教育教学能力、理念、价值观、交往方式与组织要求和文化氛围的相容性和契合度。匹配程度比较高时,教师在组织中的舒适感更强,不会轻易离职。青年教师刚步入工作岗位,他们往往渴望得到组织的认同和支持,一旦在组织中获得肯定和激励,就会表现出加倍的努力和忠诚,并迅速找到归属感。

第一,教育理念的落差。大部分青年教师由于良好的受教育背景和更开放的信息渠道,对新课改的认可度较高,适应能力也更强。因此当 A 教师看到萍乡小学仍然固守死记硬背的应试教学模式时,满怀热情希望改变这种教学生态。

> 语文课堂上我希望通过多样化的教学方法落实新课改中的三

维目标,但是校长只要成绩。记得某学期我的教学成绩在镇内排名下滑了,校长非常生气地对我说:"……你花里胡哨怎么教都无所谓,拿出成绩才是硬道理"。身边的同事对新课改的认识非常有限,也比较保守,不愿意改变自己熟悉的教学模式,对我的很多做法持保留态度,有些还会指指点点。所以有时候感觉自己是孤军奋战,不知道能坚持多久,也许就和他们一样随波逐流了。

A 教师在教学工作上挑战常规的创新举动没有得到领导的认可和同事的响应,反而在遇到挫折时备受质疑和非议。这种不同代人之间由于教育理念偏差而产生的冲突是不可避免的。但年轻群体的耐挫力较弱,遇到冲突时更多采取逃避的方式,会立即停止寻求对组织共同体的身份认同,降低对工作意义的感知,甚至不惜代价与组织划清界限。

> 在学生教育上和同事的理念差距较大。他们多以"管得住学生"和"学生怕老师"为自豪。可能农村教师比较随意,经常在办公室里听到教师对学生骂脏话,甚至有时候不分青红皂白地甩一巴掌。

本是怀揣教育理想进入工作单位,但在现实中,自己的教育理念和教学能力却不能得到同事和领导的认可,以致 A 教师产生了强烈的自我怀疑感和专业的弱认同性。她不愿意随波逐流,也没有以个体力量对抗整个教育环境的勇气。这种失落感假如得不到有效缓解,又不能立即离职,那么她对工作的态度就会逐渐退化为养家糊口的谋生工具。

第二,与迷失少年的冲突。保罗·威利斯的《学做工——工人阶级子弟为何继承父业》一书揭示了 20 世纪 70 年代英国工业城镇中的"小子们"作为反学校文化生产者是如何通过"找乐子""无聊与刺激""抵抗权威"等方式与学校中的循规生和教师对立的(李涛,2014)。在社会转型时期,中国乡村同样存在着这样一群子弟。由于家庭条件或者个人学业不理想等原因,他们并没有像其他孩子一样转学到城镇学校。其中,大部分学生是留守儿童,没有父母在身边,便逐渐开始沾染上一些不良风气。

> 但凡成绩好点、家庭条件好点的学生都转到镇上。留下来的以"小刺头"居多。高年级孩子能隐约意识到自己在社会上的弱势

地位。对未来的茫然、对自身的否定和家庭环境带来的自卑感导致他们只能通过在学校里打架斗殴和调皮捣蛋吸引关注。上课时调皮的学生在课堂上小动作不断或者在角落里睡觉,屡教不改。刚开始还会生气,现在就觉得要早点离开,否则我对这份职业的热情要被慢慢消磨殆尽了。

留在萍乡小学就读的许多高年级学生,已经开始逐渐放弃通过教育实现向上流动的机会。他们通过各种"弱者的反抗"来表达自己内心对未来的迷茫、对父母的不满和渴望来自外界的关注等复杂情感的集合(席红梅,2016)。这些孩子的不守规矩给 A 教师的工作带来了困扰。由于这方面的经验缺乏,她对学生摇摆于同情、反感与漠视之间,并因此产生了消极逃避和离职的情绪。

三、总结与讨论

A 教师是千千万万农村青年教师的缩影,她的离职原因既有一定的特殊性,又具有普遍意义。而人为设置障碍强行让他们服务乡村,对拥有主体能动性和自我生活选择方式权利的乡村教师也不公平。对此,本研究提出相应的激励机制和改进措施,希望启发教育管理者深入关心农村青年教师呈现的代际特征,不断改进目前的激励机制和支持计划。

(一)基于农村青年教师的工作价值取向特质,建立差异化的激励制度

对 A 教师的深入分析可以发现,刚刚步入职场的青年教师与其他代际教师的工作价值取向不同,较之于物质待遇,她更看重自己未来的发展前景以及工作的内在激励。这提醒教育工作者和研究者应该在乡村教师支持措施的制定中摒弃一刀切的简单思维。通过有效的沟通渠道,深入认识这一群体的特质,剖析其工作价值的结构表征,比较不同代人之间工作价值取向的差别,探寻不同激励形式对不同代际乡村教师作用强度和方式的差异,建立差异性激励制度,以提高乡村教师的获得感,提升教育资源的利用效率。

(二)兼顾农村青年教师的非物质性需求满足,建立完善的激励体系

乡村教师经受着时代变迁的冲击、诱惑和挑战,"甘于清贫,乐于奉献"的精神境界已不足以支撑他们留在乡村安心从教。过于偏重物质条件的改善,以工资待遇和职称评聘为主要激励方式,也可能导致"追名逐利"的短期

行为侵蚀了追求个人成长和内在精神满足的主体能动性。例如,目前职称和荣誉向乡村教师倾斜后,很多学校出现"评一个、走一个"的怪相,加剧了乡村优秀教师的流失(申卫革,2016)。A教师的经历也说明除了物质性需求,乡村教师还希望组织能建立公平公正的绩效评估体系,为教师职业发展设置长远规划,营造赏识、开放的工作氛围和融洽的人际交往环境,以满足其非物质需求。这启发教育管理者应根据教师的发展需要,妥善处理好物质激励和非物质激励的关系,在教育管理中切实体现理解、尊重和关怀的人本原则,以产生更加深远的激励成效。

（三）加强乡村学校和乡土社会的软环境建设,建立长效激励机制

很多农村青年教师是在乡土社会和乡村学校中成长起来的,但却在回到家乡工作后有"物是人非"的"边缘人"感受,影响了其对工作的归属感和认同感。为了促进其融入所在学校和乡土社会,乡村学校和乡土社会应在加强硬环境建设的同时,更注重思想观念、精神状态、文化氛围等软环境建设。通过"赋权增能"等方式调动青年教师的主体能动性,鼓励他们积极参与学校决策,为乡村建设献言献策,帮助他们解决生活中的切实困难,有意识地扩大农村青年教师的社会交往范围,增强其组织嵌入性。此外,还应进一步引导乡村教师增强乡土文化意识,使其真正认识和理解乡村文化,让他们在乡村社会中有依靠感、尊严感、成就感和归属感,以吸引更多的新生代教师扎根乡村,推进教育生态的不断修复(刘春梅,2015),为乡村学校和乡土社会焕发新的活力贡献力量。

第二节　工资收入对乡村教师流动性的影响

工资待遇是近年来我国加强乡村教师队伍建设的重要政策工具,而提高工资收入对留住乡村教师的实际效果有待研究。我们对贵州等五个省的乡村教师流动意愿的调查研究显示,工资收入并非影响乡村教师流动的首要因素,而照顾家庭、孩子以及个人专业发展的需求,是当前多数乡村教师选择流动的主要因素;是否发放乡村教师津贴,对其流动意愿有显著影响,但现有津贴额度的设计,对激励教师留在农村的作用不显著。为促进乡村教师队伍的稳定发展,需要在保障乡村教师工作待遇的同时,更加关注非货币性激励因素;优化乡村津贴的额度设计,发挥津贴的激励作用;关注乡村

教师家庭生活需求,制定人性化的支持政策;加大教师培训与教研支持,促进乡村教师的专业成长。

一、研究背景与方法

(一)研究背景

乡村教师作为农村最宝贵的人力资源,不仅对农村教育发展起到了重要的主导作用,在乡村振兴战略中也发挥着重要价值。乡村教育的振兴,关键在于乡村教师,首要任务是稳定乡村教师队伍。《支持计划》强调要落实乡村教师生活补助政策,从工资待遇、职称、荣誉等方面激励和吸引优秀教师"下得去、留得住"。计划实施以来,中央财政划拨奖补资金超过百亿元,其中2018年达45亿元,惠及中西部725个县的127万名教师。

工资待遇的改善,使部分地区乡村教师工资已明显高于城镇教师,显著提升了乡村教师的获得感和幸福感。但是,在工资待遇和工作环境明显改善的同时,当前乡村教师队伍仍然面临着骨干教师流失、岗位吸引力不足等问题,这要求我们深入思考"提高工资待遇能否留住乡村教师"的问题,研究新形势下乡村教师的流动性特征。本研究重点对工资收入与乡村教师流动性的内在关系进行验证分析,对乡村教师流动的影响机制做出科学合理的解释。

(二)样本特征

2017年9月至2018年10月,北京大学中国教育财政科学研究所受不同机构的委托,围绕农村教育发展的相关主题进行随机控制实验研究,先后在贵州、云南、甘肃、河北和四川等地进行基线与追踪调查,主要通过发放调查问卷和实地访谈方式进行。其中,乡村教师发展是一项重要的调查内容,调查主题涉及人口学特征、工资、职称和流动性等统计数据,也包括职业倦怠、自尊心、专业发展和教学效能感等测量数据。样本群体主要以乡村小学教师为主,涉及不同类型的农村学校,包括寄宿制小学、村级完小和农村小规模学校。共收集乡村教师样本5094人,涉及样本学校357所。本次调研抽取的8个样本县作为区域代表,就统计样本县的产业结构、财政收支与教育规模等情况看,具有较好的代表性,详见表4-2。

表 4-2 样本县基本发展情况统计

县域名称	地区生产总值/万元	公共财政收入/万元	公共财政支出/万元	普通中学在校生数/人	中职在校生数/人	小学在校生数/人
贵州 W 县	2151500	100088	721254	150201	4415	170257
云南 Z 县	1021680	90754	723899	119107	1277	164491
河北 Z 县	1058671	59640	239404	16003	2124	23778
河北 W 县	863415	66627	254240	20987	1580	47945
河北 G 县	482349	28543	207590	6333	63	10966
四川 C 县	1248844	46109	398167	31125	6177	41349
四川 W 县	964791	41096	288859	18339	2130	22239
甘肃 Q 县	811805	32906	22728	11124	979	16131

数据来源:国家统计局农村社会经济调查司.中国县域统计年鉴(县市卷)(2017 年)[M].北京:中国统计出版社,2018.

由表 4-2 可知,各样本县的财政收入普遍不足,一般财政支出是同年财政收入的 3～12 倍,属于经济欠发达地区。从人口规模看,贵州 W 县、云南 Z 县、四川 C 县等人口规模较大,相对应的调研校和教师人数也较多,甘肃 Q 县的多数学校为小规模学校,学校数量较多,但样本教师人数并不多。各样本县在乡村教师招聘与保留上都面临着较大困难,在我国乡村教师群体中较有代表性。

(三)变量设计

教师流动意愿是本研究关注的被解释变量,具体包括教师跨校流动意愿和跨行流动意愿。跨校流动意愿的调查问题是"您是否打算最近几年调离目前这所学校(在教育系统内的其他学校流动)",跨行流动意愿的调查问题是"如果有薪水更高的职业机会,您是否会离开教师这个行业",这两个变量均为二元分类变量。实际工作学校个数是连续变量,用于测量教师已经工作过的学校个数,选项包括 1 所到 7 所及以上。自变量重点关注了乡村教师的工资待遇情况,包括全年工资总收入和乡村教师津贴;同时也考察了教师专业发展和家庭因素对其职业流动性的影响。学校层面因素和教师个体特征是控制变量,学校特征包括学生特征、学校位置和生师比等变量,个体特征包括性别、年龄、学历和职称等变量。对主要变量的设定方式与基本情况进行描述性统计,详见表 4-3。

表 4-3　相关变量定义与简单描述统计

类别	变量名	变量定义	均值（标准差）
因变量	跨校流动意愿	虚拟（是＝1；否＝0）	0.10(0.30)
	跨行流动意愿	虚拟（是＝1；否＝0）	0.28(0.45)
	实际工作学校个数	最低为1，最高为7所及以上	2.17(1.35)
工资待遇	全年工资收入	取工资收入对数	10.54(0.84)
	是否有乡村津贴	虚拟（是＝1；否＝0）	0.49(0.50)
	乡村津贴额度	连续变量	203.50(732.90)
专业发展	参加培训次数	连续变量	3.24(1.94)
	每周课时量	连续变量	16.56(7.39)
家庭因素	子女数量	连续变量	1.06(0.78)
	住校天数	连续变量	3.51(2.58)
	家校距离	分类变量（从本村到外省）	3.04(1.42)
学校特征	生师比	连续变量	23.87(75.43)
	到县城距离	连续变量	46.41(62.43)
	留守儿童比例	连续变量	0.38(0.29)
	贫困学生比例	连续变量	0.32(0.27)
个体特征	性别	虚拟（男＝1；女＝0）	0.44(0.50)
	年龄	连续变量	38.49(10.32)
	学历	分类变量（从研究生到高中）	2.58(0.67)
	职称	分类变量（从无职称到高级）	2.12(0.74)

（四）研究方法

本研究主要关注乡村教师工资待遇对其流动意愿的影响，以跨校流动意愿和跨行流动意愿为被解释变量，以影响乡村教师流动的相关因素为解释变量，因此本研究主要使用 Probit 模型，将多组变量纳入模型。因变量作为二元分类变量，有流动意愿为1，反之为0，构建二元 Probit 模型进行回归分析，回归模型设计如式 4.1：

$$\text{Prob}(Y_i) = a_0 + \beta_i W + \beta_i D + \beta_i H + \beta_i S + \gamma'_i C + \varepsilon_i \qquad (4.1)$$

因变量 Y 的含义是教师流动意愿，包括教师跨校流动意愿和跨行流动意愿。W 表示工资待遇因素的解释变量，包括工资收入和乡村教师津贴等,这是本研究主要观察的自变量。D、H、S 均为控制变量,其中 D 是指教师发展的因素,包括培训次数和课时量等;H 是指家庭因素,包括家庭子女、住校天数和家校距离等;S 是指学校因素,包括学生特征和学校特征。C 是指教师个体特征的控制变量,ε 为随机扰动项。此外,对于教师实际工作学校个数的回归分析,本研究采用了普通 OLS 线性回归方法,模型涉及的解释变量与 Probit 模型一致。

　　乡村教师的流动性不仅受教师个体层面因素的影响,而且受其所在学校层面因素的影响,这种分层嵌套结构对教师流动性的影响需要引起重视。基于研究数据的分层嵌套式结构,为了减小传统 OLS 的估计误差,本研究采用分层线性模型方法,运用 HLM6.0 对数据进行处理(马红梅,2012)。旨在深入分析工资收入与乡村教师流动性的关系,尝试通过区分教师个体和学校层面的影响因素以获得更为丰富和稳健的发现。因此,本研究构建了教师个体和学校两个层面的估计模型(薛海平,2016)。其中,层－1模型将乡村教师流动意愿表示为教师层面特征变量的函数与一个误差项的和,模型如式 4.2:

$$Y_{ij} = \beta_{0j} + \beta_{1j} W_{ij} + \beta_{2j} D_{ij} + \beta_{3j} H_{ij} + \beta_{nj} C_{ij} + r_{ij} \tag{4.2}$$

其中,Y_{ij} 表示第 j 个学校第 i 个教师的流动意愿,β_{0j} 为回归截距。模型中包括工资待遇变量 W,教师发展变量 D,家庭变量 H,教师个体特征变量 C。$\beta_{nj}(n = 1, 2, \cdots, n)$ 表示教师层面的预测变量 α_{pij} 对因变量的回归系数,可以在学校层面随机变化。层－2模型截距估计中加入学校特征变量 S,旨在探索学校层面因素如何影响不同学校间教师流动意愿的差异。模型如式 4.3:

$$\beta_{nj} = \gamma_{n0} + \gamma_{rq} + S_{nj} + \varepsilon_{nj} \tag{4.3}$$

其中,γ_{n0} 表示第 j 个学校变量对 β_{nj} 回归的截距;γ_{nq} 表示第 j 个学校变量对 β_{nj} 回归的斜率;S_{nj} 表示学校层面的预测变量,主要包括学校生师比、学校到县城距离、贫困生、留守儿童等;ε_{nj} 表示学校层面的随机误差,描述 β_{nj} 与预测变量之间的差异。

二、实证结果与分析

(一)基本描述性统计

对乡村教师工资收入的统计口径为过去一年的工资收入(包括各种绩

效奖金），全部样本平均工资收入为 4.2 万元。样本县中贵州 W 县和云南 Z 县的教师工资最高，人均年收入已达 5 万元以上。实地调研发现其经费主要来源于中央财政的转移支付。乡村教师津贴的发放比例平均为 52%，获得津贴的额度平均每月为 391 元，详见表 4-4。

表 4-4　样本县教师工资待遇及流动意愿统计

县域名称	全年工资收入/元	乡村津贴比例/%	津贴额度/元	工作学校个数/个	跨校流动意愿/%	跨行流动意愿/%
贵州 W 县	51769	54	298	1.82	12	24
云南 Z 县	50432	45	496	2.44	12	24
河北 Z 县	35064	26	342	2.08	7	37
河北 W 县	34858	43	301	1.69	5	33
河北 G 县	36997	48	514	2.12	5	26
四川 C 县	41494	51	459	1.91	12	41
四川 W 县	42381	59	414	2.04	14	40
甘肃 Q 县	46452	86	305	3.03	11	11
平均	42431	52	391	2.14	10	30

我们在对甘肃的调研中也设计了城乡比较的调查项目，按照小规模、乡镇和县城学校三种类型进行统计发现，小规模学校教师的工资显著高于县城和乡镇学校，乡镇学校教师工资也高于县城学校。表 4-4 还统计了乡村教师的流动意愿情况，结果显示，样本乡村教师平均在 2.14 个学校工作过，即每个乡村教师平均有一次跨校流动的经历。对于未来跨校流动意愿，平均为 10%，贵州、云南、四川等地区略高一些。而因高薪跨行流动的意愿要显著高于跨校流动意愿，总体平均为 30%，四川、河北等相对发达地区略高一些。

进一步统计不同群体流动意愿的人口学差异情况。从性别看，男性教师的跨校流动意愿显著高于女性教师，跨行流动意愿方面差异不明显。从婚姻状况看，已婚教师的跨行流动意愿显著高于未婚教师，跨校流动意愿方面差异不明显，可能原因在于已婚教师有更大的经济压力。从教师身份来看，正式编制教师的跨校流动和跨行流动意愿都显著高于特岗教师，可能原因在于特岗教师的从教年龄偏短，合同期满能获得编制是较大激励。从学校职务看,校领导的跨校流动意愿最强烈,中层干部的跨行流动意愿最强烈,而普通教师的跨行流动意愿显著偏低。此外,已经在县城买房的教师的跨校流动和跨行流动意愿都显著高于未买房教师,原因是在县城买房的乡村教师可能家住在县城。我们对工资收入与流动意愿的关系进行 t 检验比较发现,有跨校流动意愿教师的工资显著高于没有跨校流动意愿的教师。同时,有跨行流动意愿教师的工资却显著低于没有跨行流动意愿的教师。初步判断,工资水平对于乡村教师流动意愿的影响关系并不是显著的正相关关系,工资水平的影响强度和稳健性有待通过回归分析进一步验证。

（二）乡村教师流动意愿的多元线性回归

本研究使用 Probit 模型对乡村教师工资收入与流动意愿的关系进行回归分析,采用普通 OLS 线性回归对工资收入与工作学校个数的关系进行分析。本研究对于乡村教师流动次数的统计,是限定于目前仍在乡村学校工作的样本群体,因此其流动范围主要是在乡村学校中进行,既没有流动到县城学校也没有流向其他行业,详见表 4-5。

表 4-5　乡村教师流动意愿的回归分析

分类	具体变量	跨校流动意愿	工作学校个数	跨行流动意愿	Heckman 两阶段估计
工资待遇	年工资收入对数	0.068 (0.040)*	0.069 (0.022)***	−0.052 (0.023)**	0.023 (0.011)**
	乡村教师津贴	−0.100 (0.052)*	0.015 (0.036)	−0.067 (0.039)*	0.018 (0.021)
	乡村津贴额度	0.000 (0.000)	0.000 (0.000)	0.000 (0.000)	0.000 (0.000)
专业发展	培训次数	−0.046 (0.014)***	−0.100 (0.009)***	0.089 (0.01)***	−0.061 (0.006)***
	课时量	−0.000 (0.003)	0.019 (0.002)***	−0.001 (0.003)	0.005 (0.001)***
家庭因素	家庭子女	0.097 (0.041)*	0.228 (0.029)***	−0.070 (0.032)**	0.125 (0.298)
	住校天数	0.048 (0.011)***	−0.043 (0.007)***	−0.001 (0.008)	0.013 (0.009)
	家校距离	0.046 (0.019)**	0.051 (0.014)***	0.018 (0.015)*	0.003 (0.069)

续表

分类	具体变量	跨校流动意愿	工作学校个数	跨行流动意愿	Heckman 两阶段估计
学校特征	生师比	0.000 (0.000)	0.000 (0.000)	0.000 (0.000)	0.000 (0.000)
	贫困儿童比例	0.053 (0.095)	−0.186 (0.07)***	−0.119 (0.076)	−0.107 (0.042)**
	留守儿童比例	0.175 (0.087)**	0.049 (0.062)	0.090 (0.069)	0.058 (0.117)
	学校到县城距离	0.001 (0.000)	−0.001 (0.00)***	0.000 (0.000)	0.000 (0.000)
个体特征	年龄	−0.013 (0.004)***	0.027 (0.003)***	−0.006 (0.003)*	−0.002 (0.004)
	性别	0.208 (0.056)***	0.154 (0.04)***	0.163 (0.043)***	−0.025 (0.412)
	最高学历（倒序）	−0.138 (0.047)***	0.023 (0.032)	−0.119 (0.036)***	−0.001 (0.427)
	职称	0.031 (0.046)	0.128 (0.031)***	0.034 (0.034)	
模型指标	Cons	−1.691 (0.446)***	−0.136 (0.254)	0.075 (0.270)	0.788 (3.626)***
	逆米尔斯比率				−0.644 (3.695)
	样本量	5045	5045	5045	5072
	Pseudo R^2	0.035***	0.174***	0.027***	

注：* 表明 0.1 水平显著，** 表明 0.05 水平显著，*** 表明 0.01 水平上显著。

　　由表 4-5 可见，乡村教师流动三个被解释变量的回归决定系数都通过了显著性检验，且通过 0.01 显著性水平检验。其中，乡村教师跨校流动意愿的回归分析决定系数为 0.035，跨行流动意愿的回归分析决定系数为 0.270，乡村教师实际工作学校个数的回归分析决定系数为 0.174。为解决可能存在的自选择问题，本研究增加了 Heckman 两阶段估计法，对这种自选择情况进行了校正。通过校正之后发现，判断是否存在自选择的"逆米尔斯比率"为 −0.644，统计检验不显著，即在统计学意义上表明不存在自选择效应。Heckman 两阶段回归结果与前面回归结论一致，尽管在回归系数上变小了（如工资收入变量），但是研究结论基本一致。下面将分别对三个被解释变量的回归结论进行逐一解释。

1. 工资收入对乡村教师流动性的影响

回归结果显示,工资收入越高的乡村教师,其未来的跨校流动意愿越高。《支持计划》实施多年,当前乡村教师工资已经普遍高于县城教师,同时学校所处位置越偏远,教师工资收入越高,而这些最偏远地区教师的跨校流动意愿通常较高。但是,工资收入越高的乡村教师,其因为高薪而跨行流动的意愿却显著偏低。原因可能是与同行教师比较时,工资收入较高的乡村教师有一定的比较优势,其对收入的满意度会相对较高,因而不会为更高薪水而退出教师行业。相反,工资收入偏低的乡村教师,与同行比较时会有一定的失落感,因而更有可能为了高薪职业而选择退出教师行业。此外,工资收入越高,乡村教师实际流动的次数越多。因为乡村教师实际流动次数与年龄的关系最显著,年龄越大工龄就越长,其会因各种原因在不同学校间流动,所以其流动次数越多。而工资收入越高的乡村教师,其教龄和职称通常也越高,因此其流动次数也显著偏高。分析乡村教师津贴对其流动性的影响关系发现,获得乡村教师津贴的教师,其跨校和跨行流动意愿均显著偏低。从是否获得乡村津贴的角度看,获得津贴的乡村教师得到了相应的关注和重视,对于自身价值的认可度相对较高,在一定程度上会降低其流动意愿。但是从发放津贴额度的角度看,该指标对其流动意愿没有显著影响。同时,获得津贴的乡村教师在工资收入上有一定的优越性,因而对于工资满意度相对较高,其因高薪而跨行流动的意愿也偏低。

2. 家庭因素对乡村教师流动性的影响

分析回归结果可知,家庭因素对乡村教师流动意愿的影响最强烈。统计显示,学校离县城距离对于其换校意愿影响不显著,而学校到家庭的距离则对其换校意愿影响显著,表明很多乡村教师选择流动,不是为了离县城更近,而是为了离家更近。乡村教师住校,意味着其不能照顾家庭和孩子,因此住校天数越多,其跨校流动意愿越强烈。同时,有孩子的教师跨校流动意愿会更高,其流动次数也相对较高,很多教师主要是为了照顾孩子而选择流动。此外,离家越远的乡村教师,其因为高薪而换行的意愿也显著偏高。可见,离家远近是影响乡村教师流动的重要因素,但是住校天数却与跨行流动意愿呈负相关关系,与前面分析结论有所差异,该问题有待通过分层线性回归进一步探讨。流动次数的统计也显示,家庭离学校距离越远,乡村教师的跨校和跨行流动意愿越高,且其实际流动的次数就越多。尤其是本研究对流动次数的统计口径,其流动范围仍然为区域内的乡村教师,流动次数较多,主要是因为乡村教师想调动到离家比较近的学校,而不是县城学校。

3.专业发展对乡村教师流动性的影响

首先,乡村教师的培训机会越多,其跨校流动意愿越低。培训次数越多,表明其专业发展的机会越多,教育教学能力得到更多提升,其职业成就感会更高,因此其跨校流动意愿相对偏低。这表明乡村教师流动可能是为了追求更好的专业发展,实现自我专业成长的价值。

其次,学历较高和参加培训次数多的乡村教师,其因为高薪而跨行流动的意愿显著偏高。学历较高的乡村教师,其跨校流动的意愿就很高,其对职业发展的追求会更高,因而其跨行流动意愿则偏高。参加培训次数较多,可能是专业发展水平较高的教师,该类教师在系统内部的流动意愿不高,然而对于因高薪而跨行流动的意愿却很高,因为其有更高的专业水平和竞争优势。

再次,参加培训次数越多的乡村教师,其实际流动次数显著偏少。参加培训次数较多,意味着教师专业发展较好,学校工作氛围较好,教师的跨校流动意愿不高,因此其实际流动次数也相对偏低。

最后,学校层面因素对乡村教师流动也有显著影响。比如学校留守儿童越多,乡村教师的跨校和跨行流动意愿就越强烈。原因在于农村留守儿童缺少父母陪伴,家庭教育缺失,其学业成绩和行为习惯相对偏弱,给教师课堂教学带来较大压力,家校合作工作难以开展。除课堂教学之外,乡村教师还要承担诸多关于留守儿童的管理问题,责任和工作量相对较大,从而影响到乡村教师的工作动力和流动意愿。同时,每周课时数与其流动次数呈显著正相关关系。原因可能在于课时数越多,其所带的课程门类就多,比如一个教师带3~4门课程,因此其专业发展的劣势就比较明显,无法聚焦某一门课程实现教学能力提升。如果专业发展的条件不足,该类教师的流动意愿可能相对偏高,其流动次数也相应提高。

(三)乡村教师流动意愿的分层线性回归

分层线性回归 HLM 始于方差成分分析(也称零模型),零模型不包括任何解释变量,旨在考察因变量在更高组织层次的方差是否显著,即在进行分层模型分析之前,需要通过零模型确定分层模型的必要性,并统计乡村教师跨校流动和跨行流动分层线性回归的零模型分析结果。结果发现,乡村教师跨校流动意愿中截距的随机效应为 0.066,通过 0.01 显著性水平检验;乡村教师跨行流动意愿中截距的随机效应为 0.143,通过 0.01 显著性水平检验。由此可见,乡村教师的流动意愿在第二层(学校层面)存在非常显著的差异,即学校背景因素对教师流动意愿的差异有很大影响,需要在第二层模型中增加一些解释流动意愿的预测变量,进行全模型分析。

全模型分析即随机截距模型,该模型在两层模型里都引入预测变量,从而探索各层预测变量对因变量的影响。本研究在随机截距模型的第一层加入了教师工资、专业发展和家庭因素等自变量,并对教师工资收入和住校天数变量进行随机效应估计(杜屏等,2019)。在截距估计方面,本研究在第二层加入了学校生师比、留守儿童、到县城距离、学校工资福利经费支出等变量,旨在分析学校层面因素对教师流动意愿的影响情况。由此建立了上述变量的随机截距模型(全模型),并进行统计分析,详见表 4-6。

表 4-6　乡村教师流动意愿分层线性回归(全模型)

固定效应		跨校流动意愿			跨行流动意愿		
		系数	标准误	t 检验	系数	标准误	t 检验
工资待遇	年工资收入对数	0.009**	0.004	1.989	−0.007	0.008	−0.885
	乡村津贴	−0.015	0.010	−1.496	−0.023	0.016	−1.461
	津贴额度	0.000	0.000	0.513	0.000	0.000	1.398
专业发展	培训次数	−0.008***	0.002	−3.294	0.016***	0.004	3.874
	课时量	−0.001	0.001	−0.571	−0.001	0.001	−1.003
家庭因素	子女数量	0.015**	0.007	2.115	−0.006	0.011	−0.489
	住校天数	0.007***	0.002	3.595	−0.002	0.003	−0.640
	家校距离	0.009**	0.004	2.451	0.011**	0.005	2.105
学校变量	生师比	0.0001***	0.0001	2.806	−0.0001***	0.000	−5.741
	留守儿童	0.023	0.018	1.234	0.038	0.031	1.221
	到县城距离	0.001***	0.0001	2.727	−0.0003	0.0003	−0.927
	工资福利经费	0.017	0.018	0.937	0.027	0.045	0.595

续表

固定效应		跨校流动意愿			跨行流动意愿		
		系数	标准误	t 检验	系数	标准误	t 检验
个体特征	年龄	-0.002^{***}	0.001	-2.921	-0.002^{***}	0.001	-2.636
	性别	0.028^{**}	0.011	2.464	0.060^{***}	0.017	3.610
	学历	-0.022^{***}	0.008	-2.903	-0.045^{***}	0.012	-3.774
随机效应		跨校流动意愿			跨行流动意愿		
		方差成分	χ^2	df	方差成分	χ^2	df
统计指标	截距	0.089^{**}	290.04	248	0.214	260.67	248
	年工资收入对数	0.009^{*}	290.08	252	0.02	267.33	252
	住校天数	0.012^{**}	281.93	252	0.02^{***}	307.67	252
	Level-1	0.292			0.427		

注:层一包含了 4710 名乡村教师,层二包含了 348 所学校。* 表明 0.1 水平显著,** 表明 0.05 水平显著,*** 表明 0.01 水平上显著。

首先,从第一层的随机效应分析结果看,乡村教师工资收入对其跨校流动意愿的影响在校际层面有显著差异,是显著的正相关关系,即教师工资收入越高,其跨校流动意愿也越高,与多元回归分析的结果一致。工资收入对乡村教师跨行流动意愿的影响在校际层面没有显著差异;乡村教师津贴对其流动意愿的影响在校际层面均没有显著差异。

其次,从第一层的随机效应分析结果看,乡村教师培训机会对其跨校流动意愿有显著负向影响关系,而对跨行流动意愿则有显著的正向影响关系,研究结论与多元回归分析的结果一致。乡村教师家庭因素中的三个变量对其跨校流动意愿均有显著的正向影响关系,家校距离对乡村教师跨行流动意愿有显著的正向影响关系。对住校天数的随机效应估计发现,住校天数对乡村教师流动意愿均有显著的正向影响关系,从而解释了多元回归分析结论中无法回答的问题。

最后,从第二层的随机效应分析结果看,生师比对乡村教师跨校流动意愿的影响在校际层面有显著差异,是显著的正相关关系,而对其跨行流动意愿则是显著的负相关关系。学校到县城的距离对乡村教师跨校流动意愿的影响在校际层面有显著差异,是显著的正相关关系,即学校离县城越远,乡村教师的跨校流动意愿越强烈。留守儿童和工资福利经费支出对乡村教师跨校流动意愿影响不显著。总体上看,第二层随机效应分析结果与多元回归分析结论有较大差异。作为控制变量的乡村教师年龄和学历,对乡村教师流动意愿的影响呈显著负相关关系,性别变量对乡村教师流动意愿的影响呈显著正相关关系,研究结论与多元回归分析结论一致。

当然,上述研究还存在一些局限,比如调查样本的全国代表性相对不足,除河北外其余四省均为西部地区,且样本县多为偏远县,因此,研究结论更多适用于西部贫困地区。此外,本研究数据为横截面数据,使用的多元回归分析也并非因果推断,可能存在内生性问题。

三、总结与讨论

本研究通过多元回归模型和"学校—教师"分层回归模型,对工资收入与乡村教师流动意愿的关系进行分析,并对影响乡村教师流动的关键因素进行了初步探索,实证分析后得出如下研究结论。

（一）保障乡村教师工作待遇,更加关注非货币性激励因素

工资收入并不是留住乡村教师的首要因素,在保障乡村教师工资待遇的同时,应关注非货币性激励因素。研究发现,工资收入越高的乡村教师,其跨校流动意愿反而更高,而因为高薪换行的意愿则显著偏低,当然这是相关关系而非因果关系。原因在于当前的乡村教师津贴政策,让离县城最远的教师获得最高收入,但是最偏远学校的教师通常有较高的跨校流动意愿,即乡村教师选择流动并非为了工资收入的提高。该结论与汉纳谢克等(2006)的研究结论基本一致,其研究认为虽然工资确实会影响教师的保留率和流失率,但它的作用比不上非货币性激励因素。因此,在保障乡村教师工作待遇的同时,更加关注教师个人成长、家庭及工作环境等因素,重视非货币性激励要素。

（二）优化乡村津贴的额度设计,发挥津贴的激励作用

发放乡村津贴有助于降低乡村教师流动意愿,应通过优化乡村津贴额度的制度设计,增强津贴的激励作用。研究发现,获得乡村教师津贴的教师,其两种流动意愿均显著偏低,表明发放津贴起到了一定的留人效果,但是发放津贴的额度,对于乡村教师流动意愿影响并不显著,即发放津贴的影响大于发放津贴额度的影响。该结论与杜屏等(2019)的研究基本一致,即

农村教师生活津贴额度对农村教师退教意愿没有影响,津贴额度未体现出补偿和激励作用。这也与对发展中国家激励政策的相关研究相近,这些研究认为关于津贴的多种激励政策效果不理想,货币激励举措没有达到教师的期望水平(Jaeghere,2006)。因此,还是要加大乡村教师津贴的覆盖范围,让更多艰苦边远地区的乡村教师从中受益。同时要优化乡村教师津贴额度的分类标准,探索建立更加有层次性、激励性和差别化的津贴政策,真正发挥乡村津贴的激励作用。

（三）关注乡村教师家庭生活需求,制定人性化的支持政策

照顾家庭的需求是影响乡村教师流动的首要因素,需在教师招聘和交流制度中增加灵活性、人性化的政策支持措施。本研究发现,家庭离学校距离越远,乡村教师的跨校和跨行流动意愿均越高;家庭子女数和住校天数也与乡村教师的换校意愿呈显著正相关关系,表明很多乡村教师选择流动,不只是为了离县城更近,更是为了离家更近,照顾父母、孩子及解决两地分居问题。对未来流动方向的调查也发现,打算调到县城的比例仅为27%,而打算调到乡镇中心校的比例为30%,这与王艳玲等(2017)的研究结论基本一致,即乡村教师流动意愿呈现出"向城性"与"返乡性"两种趋向并存现象。因此,在乡村教师招聘中应充分考虑本土化的来源特征,提高本土化培养比例,增强其对当地乡土社会的认同和归属感,保证乡村教师具有更大的稳定性;同时在区域性教师流动制度设计中,增加较为灵活、人性化的政策措施,支持乡村教师个体的社会性需求,解决其照顾家庭、两地分居等诉求,为其安心教学工作解除后顾之忧。

（四）加大教师培训和教研支持,促进乡村教师的专业成长

乡村教师专业发展的相关变量对其流动意愿有显著影响,促进专业发展是未来实现乡村教师队伍稳定的重要措施。研究发现,乡村教师专业发展的相关变量对其流动意愿均有显著影响,比如乡村教师参加培训机会越多,其流动意愿就越低;而留守儿童越多,生师比越大,其教育教学工作压力和负担就更重,其流动意愿就显著偏高。在对实际流动次数的回归中也发现,培训次数越多的乡村教师,其实际流动次数显著偏少。对有过学校流动经历的教师进行调查发现,工作挑战更大、教学质量更高等专业成长因素是其选择新学校的重要因素。曾新等(2014)的研究也证实了学生群体特征和教师专业发展活动对乡村教师招募与保留具有显著的正向影响。因此,要

加大对乡村教师的培训力度,提供多元化的资源保障和教研支持,引导乡村教师找到适合自己专业发展的方式,使其在乡村学校中找到职业成就感。学校要积极组织集体备课、教学研讨、课题研究等支持活动,形成教师学习和专业发展的良好氛围,实现事业留人、感情留人。

第五章　乡村教师的职业负担及影响因素

当前,乡村教师的工资待遇和工作环境问题已经得到明显改善,国家义务教育基本均衡县评估工作的推进,也极大地改善了农村学校的办学条件,包括学校操场、食堂、教师宿舍及教学设备等。在硬件设施改善的同时,乡村教师的工作压力和职业负担似乎没有减轻,尽管也有人认为农村学校缺少外部监督和家长要求,工作相对轻松自由,课堂教学自由度较大等,但是在实地调研中我们还是感受到乡村教师工作比较辛苦,工作事务相对较多,不但要上好多门课程,还需承担一定的学校管理工作以及留守儿童、精准扶贫和营养午餐等任务,总体上工作压力较大。为此,本章将利用实证数据对乡村教师的工作负担现状进行客观分析,探索乡村教师工作负担是否随着待遇和工作环境的改善而有所变化,主要从工作时间、职业倦怠、课程教学工作量等维度展开,同时还对影响其工作时间、职业倦怠的因素进行剖析,深入探究乡村教师的工作负担来源。

第一节　乡村教师的职业负担现状

关于职业负担问题的刻画,本研究采用了三个主要指标,即工作时间、课程教学量及职业倦怠。工作时间的问题是"每天工作时间多少小时",课程教学量则包括所教的课程数目、每周上多少节课以及主要教什么科目等;职业倦怠采用量表进行测量。综合利用相关调查数据,对乡村教师在工作时间、职业倦怠及课程教学量等方面的职业负担情况进行分析,着重探索影响其职业负担现状的相关因素。

一、乡村教师的工作时间

著名教育家苏霍姆林斯基曾提出,"教师没有自由支配的时间,这对于学校是真正的威胁",认为影响教师专业发展最致命的因素是其时间的缺失。教师专业发展需要拥有自由时间,但是当前沉重的教学负担占用了教师专业发展的时间,问题来源于社会、学校和个人等多方面因素。

（一）总体工作时间

总体来看,乡村教师平均每天工作 9.27 小时,最小值为 6 小时,最大值为 16 小时,43％的教师每天工作时间在 10 小时及以上,13％的教师每天工作时间在 12 小时及以上,其每周工作时间明显超过了《劳动法》中每周工作时间的规定。其中,男教师工作时间明显高于女教师,平均为 9.44 小时,校长工作时间明显高于普通教师,平均为 9.79 小时;乡村教师工作时间要明显高于城市学校教师,乡村教师为 9.27 小时,县城教师为 8.64 小时。与其他已有研究结论比较一致,比如童星（2017）利用 2013 年 CEPS 初中教师调查数据研究显示,我国初中教师每周工作时间为 47 小时,按照每周五天算平均每天工作为 9.5 小时;李新翠（2016）利用 2229 名中小学教师的调查数据研究显示,中小学教师的平均每周工作时间为 44.11 小时,按照工作日计算平均每天工作 8.8 小时。

（二）不同类型学校教师工作时间

总体来看,乡村教师工作时间显著高于县城教师。进一步把乡村教师分为教学点、村小和中心校进行比较发现,乡镇中心校教师的工作时间最长,可能其工作强度最大。为什么乡镇中心校教师工作时间最长？可能原因有三点,一是乡镇中心校不仅是一个教学单位,而且要承担乡镇区域内学校教育管理中枢的职责;二是很多乡镇中心校是寄宿制学校,需要承担乡镇区域内寄宿学生的教育教学及生活管理等职责;三是乡镇中心校班额相对较大,教师编制相对不足。基于此,可以初步判断,与村小或者县城学校相比,乡镇中心校承担的职责相对较多,因此其教师工作时间和负担相对较重。同时,根据我们对甘肃、河北、四川等学校的调查,也进一步验证了乡镇寄宿制学校教师的工作时间最长。此外,乡村学校教师的住校天数也明显高于其他类型学校的教师,每周住校天数接近 4 天。统计工作时间和住校天数发现,乡镇中心校教师的工作强度最大,工作负担相对较重。

（三）不同规模学校教师工作时间

乡村教师的工作时间与学校规模有一定的关系,本研究按照不同学校规模标准统计教师的工作时间。分析相关数据可发现,100 人标准的小规模学校,其教师工作时间最短,为 9.11 小时,远低于 100 人以上学校教师的平均工作时间。初步结论是小规模学校教师的工作时间要显著低于规模较大学校的教师,存在着学校规模越大教师工作时间越长的倾向。进一步以乡村教师为分析对象,统计学校人数与工作时间之间的相关关系。研究发现,乡村学校规模与教师工作时间存在显著的正相关关系($p = 0.01$),即学校的学生规模越大,其教师工作时间就越长。而对 115 名县城教师进行分析后发现,其学生规模与教师工作时间未通过显著性检验,甚至存在负向相关关系。利用本研究其他调查数据分析可知,样本乡村教师的备课时间平均每天为 2.15 小时,占平均工作时间的 25%,即乡村教师每天要拿出 1/4 的时间用于备课等教学辅助工作。据童星(2017)对教师工作时间的研究:"教师总工作时间偏长,但直接用于教学的时间偏少,课外研究、管理班级和处理行政事务占据了教师更多的时间。"通过访谈发现,乡村教师不仅总工作时间较长,而且用于教学的时间比县城教师更少,其用于管理班级、行政事务的时间更多,且几乎没有专门研讨教学的时间。

二、乡村教师的课程教学量

(一)总体课程教学量情况

统计相关数据发现,乡村教师平均每周课时数为 20 节,最少为 10 节,最多 36 节课,10 节及以下的教师占比 16%,20～30 节的教师占比 32%,10% 的乡村教师每周课时数在 30 节及以上,而县城教师平均每周课时数为 14 节,最多为 20 节。从学校类型看,小规模学校教师的课时数最多,平均每周达到 29 节课。除了每周课时数之外,小规模学校教师所教的课程数量也是最多的,平均所教课程数目为 3.6 门课程,并且有 22% 的小规模学校教师需要带 6 门及以上课程,有 66% 的教师需要带 3 门及以上课程,基本上是全科教师的标准,整体教学压力较大。不同类型学校教师课程数量统计情况,详见表 5-1。

表 5-1　不同类型学校教师课程数量差异

学校类型	数量/所	平均课程数/门	三门以上/%	语文课/%	数学课/%
教学点	294	3.60	65.9	68.5	69.5
村小	807	2.78	50.7	53.9	50.6

续表

学校类型	数量/所	平均课程数/门	三门以上/%	语文课/%	数学课/%
乡镇中心校	901	1.77	19.9	38.8	31.9
县城学校	115	1.61	13.9	50.0	26.8

分析表 5-1 可知教学点和村小的课程教学工作量较大,明显高于乡镇中心校和县城学校。乡镇学校教师平均需教 1.8 门课程,县城学校教师仅需教 1.6 门课程。刘善槐(2017)在研究中发现,有 75.06% 的乡村教师任教科目在两门及以上,有 53.65% 的教师任教三门及以上科目,有 40.05% 的乡村教师所教的科目达到 4 门以上,有 13.13% 的乡村教师采用复式教学形式。

进一步统计学校人数与课程数量之间的相关关系发现,乡村学校规模与教师课程数量存在显著的负相关关系($r=-0.291, p=0.00$),即乡村学校规模越小,其教师所教课程数量就越多。而对 115 名县城教师进行分析后发现,学校学生规模与教师课程数量未通过显著性检验,甚至存在正向相关关系。规模越大的学校,其教师数量就越多,因此其平均课程数量就会减少,其教师的课程安排通常是一门主课加一门副科。因此,本部分继续按照学校教师数量进行分类,统计教学科目数量情况发现,乡村学校教师数量越多,其所带的课程数目和每周课时数就越少,所带 3 门及以上课程的教师数也就越少,教学工作负担就会相对较小。同时,乡村学校教师规模与课程数量存在显著的负相关关系($r=-0.392, p=0.00$),即在乡村学校中,教师数量越多,其教师所教课程数量就越少。教师规模与每周课时数间也存在显著的负相关关系($r=-0.399, p=0.00$),即教师数量越多的学校,其教师每周课时数就越少。此外,我们对其他样本县进行调研发现,小规模学校中有 83% 的教师需担任班主任工作,而在县城学校仅有 38% 的教师担任班主任工作,乡镇学校占 53%。

总之,小规模学校教师的教学工作量显著较大,明显高于乡镇中心校和县城学校。乡村教师所教课程数普遍较多,这种跨年级、跨学科以及"包班制"的教学方式使其难以形成自己的学科身份,无法围绕某个学科进行深度的业务学习和持续性的学科教学积累,外界提供的相关学科培训也难以有效聚焦和对接,这些都影响其教育教学质量的提升。

（二）教师工作时间与课程教学量的矛盾分析

前面的分析结论，可能会引出一个矛盾性问题，即"为什么小规模学校教师所教课程多、课时量大，其每天工作时间却少，是否影响了其课程教学质量"，本研究结合实地访谈调研的情况进行初步解释。

第一，学校课程表的设置很全面，但是小规模学校不一定是按照课程表来上课。统计小规模学校教师的课程组合发现，多数是一门主课加两门及以上副课的组合形式，主课就是语文或数学选一门，副课就是从科学、音乐、体育、美术、品德与社会等课程中进行选择。实际上，小规模学校教师的教学任务主要放到语文和数学两门主课上，很多教师把自己该上的音乐、体育、美术、实验等课程，都上成了语文、数学课。当然并不都是讲新课，多数是在教师看护下上相应的自习课，教师会在这个课堂中把教案设计、作业批改、学生教育等问题加以解决，所以其工作时间会相应缩短。这也说明，小规模学校应试教育问题比较严重，学生综合素质发展得不到保障。原因可能是师资不足和专业能力不够，现有师资只能保证主要教学科目的开设；也可能是因为乡村教师业绩考核的导向，比如教其他非考试科目并不纳入年终考核，乡镇学区只会把语文、数学成绩纳入年终排名。

第二，小规模学校教师工作投入的结构不合理，由于课程数和课时量较多，很多教师从早到晚都是在课堂中上课，就连批改作业也是在看着学生上自习的过程中完成。对于备课、教学研讨、校本培训、家校沟通以及准备优质课、公开课等项目，小规模学校教师的参与程度非常低；家校沟通、校本培训等项目基本上没有，日常备课、准备PPT等工作也非常少，而上述相关项目在乡镇学校或者县城学校，都是按照学校年度计划逐项逐期开展，教师们需要花费一定时间用于完成上述项目。从另一方面讲，小规模学校教师的大多数时间都是在上课，用于教案设计、备课、课题研究、教研活动及家校互动等工作的时间就少，而这些活动是非常重要的教学辅助工作，对于保障课堂教学质量有重要作用。与乡镇中心校或县城学校相比，小规模学校教师对于教学辅助工作的投入相对不足，这也是导致当前农村小规模学校教学质量不高的一个因素。

第三，小规模学校学生数量较少，教师在学生管理、作业批改及其他项目上所耗费的时间相对会少。而且与乡镇学校或者县城学校相比，上级教育行政部门的工作检查、组织教研、参加评比等相关活动，基本上不会在小规模学校举行,由于学校教师人手不够,他们也很少参加相关活动,从而会节约一些时间。当然,这并不是小规模学校的优势,而是其专业发展的劣势。分析发现,学生人数与教师工作时间存在显著相关,即学生越多,生师比越大,教师的工作量和工作时间必然会上升,因为一个教师需要用更多的精力去了解每一个学生,与学生和家长做更多的沟通工作,准备更多有关学生管理的材料。当然,关于生师比问题,现有标准对于小规模学校不适用,看似生师比比较低、教师充足,实际上小规模学校教师严重缺乏,正常的课程都难以开齐,所以要求按照生师比和班师比的方式配备教师。小规模学校师资不足,学校教师之间的业务交流、教学研讨和教师培训等工作难以有效开展,教师遇到的专业问题得不到解决;尤其是年轻教师,毕业后直接独当一面,缺乏优秀教师引领,其教学水平很难有较快提升。

上面的分析仅是对数据证据的一种解释,但是与小规模学校教师访谈的结论并非如此,访谈得知其每天的工作时间很长,很多教师住在学校里,晚上还需要处理相关的行政事务。访谈中小规模学校教师反映:

> 由于学校教师数量少,农村学校教师需要带多门课程,每周课时数也比较多,总体工作任务量非常大。一方面,课堂教学工作、学生管理和作业批改等占用一些时间;另一方面,学校没有专门的管理部门,几乎每一个教师要承担一部分管理职责,教师行政事务多,需要频繁前往县里开会,挤占教学时间,加重教师的任务与负担。此外,还要应付上级组织的各种检查、报表等工作,比如教务、总务、安全、营养餐、留守儿童、各种考核评比检查等工作,占用教师大量时间,严重压缩用于教育教学的时间,老师们普遍感觉非常累,身体处于亚健康状态。教师工作太忙,没时间参加培训,老师们愿意参加培训,觉得很有收获,但是很难平衡好工作和生活,目前连很多假期都被占用。

三、乡村教师的职业倦怠

(一)乡村教师职业倦怠的总体现状

首先从整体上统计样本乡村教师的职业倦怠情况,按照职业倦怠的三个维度分别展开,统计结果见表5-2。

表 5-2　乡村教师职业倦怠情况

类别	M<2.5	2.5≤M≤3	3<M<5	M	SD
情绪衰竭	863(43%)	601(30%)	538(27%)	2.61	4.94
去个性化	1822(91%)	142(7%)	38(2%)	1.62	2.01
低成就感	1820(91%)	131(6%)	51(3%)	1.73	3.28
职业倦怠总分	1663(83%)	259(13%)	80(4%)	2.06	7.78

注：M 为平均值。

根据职业倦怠常用标准，M<2.5 表示没有职业倦怠，2.5≤M≤3 表示已经出现职业倦怠，3<M<5 表示职业倦怠严重。从统计结果看，我国乡村优秀教师的职业倦怠水平相对较低，在情绪衰竭、去个性化、低成就感维度上平均得分为 2.61、1.62、1.73。总体上，83% 的乡村教师职业倦怠水平在正常范围，甚至略低于县城学校教师，县城教师职业倦怠平均分为 2.15。但是，在职业倦怠的三个维度中，乡村教师情绪枯竭问题比较突出，有近 60% 的乡村教师存在明显情绪枯竭问题。按照不同类型学校统计教师职业倦怠情况并进行差异性检验，结果发现学校规模越小，其职业倦怠感越低，县城学校教师的职业倦怠感最高。即不同类型学校教师在职业倦怠方面存在显著性差异，随着学校层次的上升，其职业倦怠水平逐步增加，教学点教师的职业倦怠程度最低，而县城学校教师的职业倦怠最高。原因可能是随着学校层次的提升，社会和家长对于学校教师的要求更高，教育教学压力会更大，而对于教学点和村小来说，外界监督和家长参与等相对较少，教师具有较大的自主权；学校没有科层管理，人际关系简单，所以压力相对较小。

其次，使用相关调研数据继续分析不同类型学校教师的职业倦怠感，也得到了基本一致的研究结论，即乡村教师的职业倦怠感显著低于县城教师。统计结果见表 5-3。

表 5-3　不同类型学校教师职业倦怠的组间差异性

学校分类	平均值＋标准差	F 检验统计量	效应量统计
小规模学校(1)	5.99±1.37		1 与 2 比:－0.1577654 [－0.22904　－0.0864689]
乡镇学校(2)	6.16±0.95	$F=560.51^{***}$ $1<2^{***}$ /$1<3^{***}$ / $2<3^{***}$	1 与 3 比:－1.220413 [－1.319354　－1.121195]
县城学校(3)	7.53±1.10		2 与 3 比:－1.380221 [－1.466163　－1.294099]

注:* 表明 0.1 水平显著,** 表明 0.05 水平显著,*** 表明 0.01 水平上显著。

分析可知,小规模学校教师职业倦怠感显著低于乡镇中心校和县城学校教师,而县城学校教师的职业倦怠感在三类学校中程度最高。效应量计算统计量显示,小规模学校和县城学校教师之间相差 1.22 个标准差,根据 95％置信水平上的置信区间判断,小规模学校教师的职业倦怠得分在实际意义上显著区别且低于县城教师。

(二)为什么小规模学校教师职业倦怠感低

小规模学校教师在工作环境、职业发展等方面均比较薄弱,与乡镇中心校及县城学校差距较大,但是小规模学校教师的职业倦怠感却显著低于乡镇或县城学校,原因可能来自多个方面。

第一,社会关注较高导致县城教师工作压力较大,职业倦怠水平高。对乡镇或县城学校来说,家长和社会对其教学的要求比较高,相应的监督、考核等任务比较多,学校组织的活动项目也多,所以其工作压力会较大,职业倦怠感相应高。而对小规模学校教师来说,学生家长及社会关注较少,学生家长多数在外务工,教师有较大的自主权,没有各种各样的活动与比赛,也没有更多的监督、考核,所以其工作压力相对偏小。

第二,乡村教师工资待遇和工作环境改善,提升了其职业幸福感。近两年来,农村小规模学校教师工资待遇、工作环境有较大改善,社会上也组织了公益支持和奖励计划,社会关注度得到较大提高。因此从纵向比,教师的职业满足感得到较大提升,职业倦怠水平会有所下降。而城市教师,学校工资待遇的绩效机制缺乏激励作用,在义务教育保障机制实施后,教师基本上是平均工资,工作动力不足,因此其职业倦怠感会比较高一点。

第三,可能是教师匹配性的问题,即什么样的教师适合在农村做。学历较高、职称较高的教师流失率相对偏高,而能够长期留在农村工作的,通常是中专学历、职称荣誉相对较少的教师。能够留在农村学校工作的教师，通常能够接受乡村教师的职业身份，而且已经在当地成家立业多年，因此其归属感相对偏高。以前中师毕业的小学教师，其教学业务素质通常较好，教学基本功扎实，有较高的师德爱心、敬业精神，更能够扎根农村。

第二节　乡村教师职业负担的来源

一、乡村教师工作时间的影响因素

关于工作时间的测量，主要采用了"您每天工作（包括备课、上课和批改作业等）多少小时"的调查项目。本研究主要关注教师个体特征、教科研活动及学校工作因素对其工作时间的影响，以乡村教师每天工作时间作为被解释变量，以影响其工作时间的相关因素为解释变量。因此，本研究主要使用多元线性回归模型，将多组变量纳入模型，构建多元线性模型进行回归分析，模型如式 5.1：

$$Y_i = a + \beta_i X + \beta_i T + \beta_i S + \gamma'_i C + \varepsilon_i \tag{5.1}$$

因变量 Y 的含义是乡村教师工作时间，用小时数表示的连续变量，最低为 1 小时，最高为 22 小时。X 表示乡村教师个体特征的解释变量，包括性别、教龄、学历和职称等，乡村教师个体特征变量在本研究中是控制变量。T 表示教科研活动的解释变量，是本研究主要观察的自变量，包括参加培训（县级及以上）、教研活动（乡镇或学校）、主持课题、发表论文等。S 表示学校工作因素的解释变量，也是本研究主要观察的自变量，包括课程数、课时量、担任职务和学校教学支持等。C 为包含常数项的控制变量向量。ε 为随机扰动项。以对山东的调查数据为分析依据，将 2428 名乡村教师作为分析样本，进行多元线性回归分析，统计结果见表 5-4。

表 5-4　乡村教师工作时间影响因素的回归分析

分类	变量	模型 1	模型 2	模型 3
人口学特征	性别	−0.067(0.12)	−0.053(0.12)	0.022(0.12)
	教龄	0.008(0.01)	0.000(0.01)	−0.000(0.01)
	学历	0.500(0.17)***	0.417(0.17)**	0.366(0.16)**
	职称	−0.218(0.12)*	0.050(0.02)**	−0.185(0.09)**
教研活动	参加培训	—	−0.085(0.03)***	−0.067(0.03)**
	教研活动	—	0.100(0.04)***	0.098(0.04)***
科研活动	主持课题	—	−0.274(0.15)*	−0.177(0.15)
	发表论文	—	0.125(0.05)***	0.119(0.05)***
学校因素	教学支持	—	—	−0.130(0.06)**
	担任职务	—	—	−0.105(0.06)
	每周课时数	—	—	0.090(0.02)***
	所带课程数	—	—	−0.090(0.05)*
模型统计量	Cons	6.876(0.36)***	6.837(0.40)***	6.399(0.51)***
	R^2(N)	0.005(2428)	0.014(2428)	0.028(2428)
	F	3.262**	4.173***	7.81***

注：* 表明 0.05 水平显著，** 表明 0.01 水平显著，*** 表明 0.001 水平上显著。

首先，分析回归模型 1 可知人口学特征对乡村教师工作时间的影响。学历水平与教师工作时间呈显著的正向相关关系，表明乡村教师的学历越高，其工作时间越长。原因可能在于学历较高的乡村教师对教育教学工作的投入度更高，因此需要占用更多的时间，在工作投入的实证数据中也得到证实。工作投入度是本研究测量的重要变量，通过比较不同学历水平教师的工作投入度发现，学历越高其工作投入度也越高，因此其工作时间就越长。同时，人口学特征中的职称变量对乡村教师工作时间有显著的负向影响，即乡村教师职称水平越高，其工作时间越短。原因可能在于职称较高的乡村教师的课堂教学、学生管理的专业能力相对较高，对教学过程比较熟悉，因此需要花费的时间相对较少。该研究结论可能与郇庭瑾(2009)的研究有差异，其认为教师职称越高，每天的工作时间也相对延长，教师逐渐走向职业成熟期，其工作强度也在不断加大。此外，统计结果也显示，乡村教师的性别和教龄变量对于其工作时间没有显著的影响关系。

其次,分析回归模型 2 中教科研变量对工作时间的影响。其中,参加培训变量是指乡村教师外出参加县级及以上培训的次数;教研活动变量是指乡村教师参加乡镇或者学校组织的教研活动。关于培训变量,回归结果显示,乡村教师参加市级及以上培训的次数越多,其工作时间越短。一方面表明参加高级别的培训能够提高乡村教师的工作效率,增强其学习的主动性和积极性高;另一方面参加县级以上培训的通常是水平较高的乡村教师,其教学能力相对较强,因此其工作时间相对偏短。关于教研活动变量,回归结果显示,乡村教师参加学校教研活动越多,其工作时间越长,可能是学校或乡镇的教研活动增加了乡村教师的工作负担,从而延长了其工作时间;但是不是代表学校教研活动对于其专业发展没有作用,这尚需通过数据来验证。从科研活动变量来看,发表论文较多的乡村教师,其工作时间显著较长,表明乡村教师撰写学术论文需要花费大量的工作时间。此外,主持市级及以上课题的教师,其工作时间相对偏短,在 0.1 水平上差异显著。

最后,分析回归模型 3 中学校工作因素对工作时间的影响。结果显示,学校对于乡村教师的教学支持因素,对其工作时间有显著的负向影响,即乡村教师得到的教学支持越多,其工作时间就越少,表明乡村教师得到教学支持,能够显著提高对于课堂教学、学生管理等方面的应对能力,提高教学效率;同时学校支持也能有效减少乡村教师的事务性工作,使其专注于课堂教学,从而工作时间相对偏少。从学校安排的教学工作量来看,乡村教师每周的课时数越多,其工作时间就越长;而乡村教师所带的课程数量越多,其工作时间反而越低。原因可能在于,乡村教师每周课时数越多,教育教学的工作量就越大,尤其是学生的作业批改工作相应增加,因此工作时间较长。而对于所教课程数量多的乡村教师,可能是副课的教学比较多,只要能完成课堂教学内容即可,没有相应的作业量和考试要求,因此其工作时间没有显著增加。同时,对于乡村教师来说,所带课程数虽然较多,但是很多教师把音乐、体育、美术课程也用于上语文或数学课,这些课程的时间不一定是上课,有可能是让学生做作业,所以所带课程的数量多少不能完全代表乡村教师的工作量。

此外,本研究还专门以 1676 名县城教师作为分析样本,进行多元线性回归分析,判断上述因素对县城教师工作时间的影响情况,统计结果见表 5-5。

表 5-5　县城教师工作时间影响因素的回归分析

分类	变量	模型 1	模型 2	模型 3
人口学特征	性别	$-0.278(0.14)$**	$-0.262(0.14)$*	$-0.247(0.14)$*
	教龄	$0.009(0.01)$	$0.003(0.01)$	$0.003(0.01)$
	学历	$0.431(0.23)$*	$0.432(0.23)$*	$0.395(0.22)$*
	职称	$-0.006(0.13)$	$0.000(0.13)$	$0.042(0.13)$
教研活动	参加培训	—	$0.051(0.04)$	$0.052(0.04)$
	教研活动	—	$-0.015(0.04)$	$-0.020(0.04)$
科研活动	主持课题	—	$-0.436(0.15)$***	$-0.407(0.15)$***
	发表论文	—	$0.118(0.05)$***	$0.129(0.04)$***
学校因素	教学支持	—	—	$0.003(0.07)$
	担任职务	—	—	$-0.088(0.09)$
	每周课时数	—	—	$0.052(0.02)$**
	所带课程数	—	—	$0.034(0.06)$
模型统计量	Cons	$6.876(0.48)$***	$6.53(0.51)$***	$5.905(0.64)$***
	$R^2(N)$	$0.005(1676)$	$0.013(1676)$	$0.018(1676)$
	F	2.131*	2.802***	2.540***

注:* 表明 0.1 水平显著,** 表明 0.05 水平显著,*** 表明 0.01 水平上显著。

对乡村教师和县城教师的分样本回归结果进行比较。在模型 1 的人口学变量中,与乡村教师不同的是,县城男性教师的工作时间显著低于女性教师,而县城教师的职称水平对其工作时间没有显著影响。在模型 2 中的教科研变量中,与乡村教师不同的是,县城教师参加县级及以上培训和学校教研活动变量,对其工作时间没有显著影响,原因可能在于县城教师参加县级培训和学校教研活动的次数较多,对于不同教师的区分度不高,因此对工作时间没有显著影响。而在主持课题和发表论文方面的影响结论,与乡村教师一致,即乡村教师发表论文越多,其工作时间也显著越长。在模型 3 中的学校因素变量中,与乡村教师不同的是,学校支持对于县城教师的工作时间没有显著影响,教师所带课程的数量也对其工作时间没有影响。而在每周课时数方面的结论基本一致,即县城教师每周课时数越多,其工作时间越长。

二、乡村教师职业倦怠的影响因素

乡村教师职业倦怠是本研究的被解释变量。自变量重点关注了乡村教师的工资待遇、工作特征和专业发展,考察了上述因素对乡村教师职业倦怠感的影响。学校层面因素和教师个体特征作为本研究的控制变量,学校特征包括留守儿童、生师比及学校到县城距离等变量,个体特征因素包括性别、年龄和学历等变量。本研究主要关注教师工资收入、个体特征、工作特征、专业发展及学校特征对其职业倦怠的影响,以乡村教师职业倦怠感为被解释变量,以影响其职业倦怠的相关因素为解释变量,使用相关调查数据,对样本教师进行多元线性回归分析,结果见表 5-6。

表 5-6　乡村教师流动意愿的回归分析

分类	变量	模型 1	模型 2	模型 3	模型 4
人口学特征	性别	−0.076 (0.10)	0.016 (0.10)	−0.173 (0.09) *	−0.109 (0.10)
	年龄	0.015 (0.07) **	0.011 (0.01)	0.007 (0.01)	0.006 (0.01)
	学历	−0.125 (0.05) **	−0.048 (0.06)	−0.063 (0.06)	−0.032 (0.06)
工资补贴	工资收入	0.451 (0.26) *	0.326 (0.28)	0.420 (0.22) *	0.383 (0.21) *
	乡村补贴	−0.631 (0.10) ***	−0.012 (0.19)	−0.085 (0.18)	−0.076 (0.18)
工作特征	所教课程数	—	0.015 (0.04)	0.018 (0.04)	0.038 (0.04)
	每周课时数	—	−0.010 (0.01)	−0.008 (0.01)	−0.003 (0.01)
	班主任	—	0.155 (0.09) **	0.174 (0.10)	0.233 (0.09) ***
	城乡学校	—	−0.869 (0.10) ***	−0.661 (0.10) ***	−0.314 (0.13) **

续表

分类	变量	模型 1	模型 2	模型 3	模型 4
专业发展	参加培训次数	—	—	−0.055 (0.03)*	−0.036 (0.03)
	获得最高奖项	—	—	−0.057 (0.03)*	−0.051 (0.03)*
	专业学习能力	—	—	−0.04 (0.004)***	−0.041 (0.004)***
学校特征	留守儿童占比	—	—	—	0.380 (0.20)**
	贫困儿童占比	—	—	—	−1.733 (0.5)***
	生师比	—	—	—	0.008 (0.01)
	学校到县城距离	—	—	—	−0.010 (0.002)***
模型统计量	Cons	1.768 (2.689)	3.154 (2.817)	5.403 (2.749)**	4.591 (2.742)*
	R^2(N)	0.066 (843)	0.084 (790)	0.187 (776)	0.217
	F	11.77***	9.01***	15.89***	14.05***

注：* 表明 0.1 水平显著，** 表明 0.05 水平显著，*** 表明 0.01 水平上显著。

首先，分析回归模型 1 可知，工资补贴变量对乡村教师职业倦怠有显著影响。统计显示，获得乡村教师补贴的教师，其职业倦怠感显著偏低，表明乡村教师补贴增强了乡村教师对其职业的认同感和支持度，增加了其工作动力，在一定程度上起到了降低职业倦怠的作用。而工资收入水平越高的乡村教师，其职业倦怠感显著偏高，可能原因在于工资水平较高的教师通常是年龄偏大、职称较高的教师；人口学特征变量中也显示，年龄偏大教师的职业倦怠显著偏高。此外，学历水平与乡村教师职业倦怠也呈显著的正向相关关系，即学历水平越高，其职业倦怠水平越高，可能原因是高学历教师对于职业的追求和期待更高，而对当前乡村教师身份的认可和接受程度相对偏低，故而其倦怠水平会高。

其次，分析回归模型 2 可知，控制城乡教师变量之后，课程数量和每周课时数等变量对其职业倦怠感的影响不显著，表明乡村教师的倦怠感并未受到其可量化的教学工作量影响。然而,是否担任班主任这一变量对乡村教师的职业倦怠感有显著影响,担任班主任教师的职业倦怠感显著高于非班主任教师。由此可见,班主任工作对乡村教师有较大的压力和挑战,不仅需要付出更多的时间和精力,还需要承担学生在校期间的各种事务性工作,增加了其职业倦怠程度。我们在访谈中也感受到,学校普通任课教师的负担要显著低于班主任教师,普通教师只需要完成课堂教学任务,而班主任不仅要完成教学任务,还需要负责班级里的各项活动且要承担大量的家校沟通任务。

再次,分析回归模型 3 可知,乡村教师专业发展变量对其职业倦怠有显著的影响,增加教师专业发展变量之后,整个模型的解释力从 8.4% 提高到了 18.7%。统计结果显示,参加培训次数越多,乡村教师的职业倦怠感越低,即培训活动的开展有助于乡村教师提高教育教学技能,解决课堂教学和学校管理中的各种问题,增强其职业发展的自信心和积极性,从而降低其职业倦怠感。同时,乡村教师的专业学习能力越强,其职业倦怠感也越低,专业学习能力包括了反思、协作、获取新知等能力,该方面能力的储备越多,越能够有效应对复杂的教育教学工作,提高课堂教学的成绩和学生培养的质量,从而增强其职业成就感,因此也是有助于显著降低其职业倦怠感。此外,统计还发现,获得荣誉等级越高的教师,其职业倦怠感却很高,该结论与通常认识有所出入,可能存在着获得荣誉并不能降低其职业倦怠感的情况,该问题还有待进一步分析。

最后,分析回归模型 4 可知,学校特征因素对于乡村教师的职业倦怠也有显著影响,整个模型的解释力为 21.7%。统计结果显示,学校留守儿童占比越高,乡村教师的职业倦怠感也越高,表明了留守儿童的教育与管理等相关工作给乡村教师带来较大的负担和压力,增加了其职业倦怠感。而学校贫困儿童的占比与乡村教师的职业倦怠感是显著的负相关关系,表明了贫困儿童占比没有给乡村教师带来更多的工作量和压力,也可能是贫困儿童的学习动力和自律性更高,具体原因还需深入分析。同时,我们在前期分析中也发现,生师比越高的学校,其教师职业倦怠感越高,表明了学生因素是影响教师职业倦怠感的重要维度。此外,统计也显示,学校到县城的距离越远,教师的职业倦怠感越低,该结论与城乡变量的结论一致,也与前期关于城乡教师职业倦怠感差异的分析一致。

第六章 乡村教师的专业发展及影响因素

2018 年,中共中央、国务院印发《关于全面深化新时代教师队伍建设改革的意见》,明确提出要促进中小学教师的终身学习和专业发展,建设一支高素质专业化的教师队伍。这对中小学教师的专业素质提出了新要求,尤其是对乡村教师的专业发展提出了很大挑战。在对贵州、云南、甘肃等地调研中发现,乡村教师的自主发展仍然缺乏基本的土壤,现阶段乡村教师的专业发展更多受外部因素制约,实现自主发展必须要有良好的支持措施作为保障。本章利用大规模实证调查数据,系统探索影响乡村教师专业发展的内外部环境要素,验证不同因素对其专业发展的具体影响机制,着重从学校的工作环境、组织氛围、制度公平及校长领导力、同事关系等维度展开,为系统构建乡村教师专业发展的有效支持措施提供支撑。

第一节 工作环境对乡村教师专业学习的影响

专业学习是乡村教师成长的重要路径,完善对乡村教师的支持措施,需要对影响乡村教师专业学习的要素进行深入的理论与实证研究。本部分使用山东省的乡村教师调查数据,以乡村教师专业学习为因变量,以变革型领导、学校支持、程序公平等工作环境因素作为自变量建立结构方程模型,研究工作环境对乡村教师专业学习的影响机制,同时采用 Bootstrap 方法检验考察心理资本在该影响过程中的中介作用。

一、描述统计分析

(一)变量基本情况分析

教师专业学习是教师为了更好地实现教育教学目标,积极获取新知识,主动和同事协作,不断总结反思和勇于试验创新的行为。越来越多的研究指出,教师专业学习是提升教师专业素质的重要途径,对教育改革的成败有至关重要影响,如何帮助教师成为主动的学习者,创建支持教师专业学习的环境成为教育管理者的重要课题(刘胜男,2016)。在当前城乡发展不平衡、农村学校办学条件欠账多、专业发展氛围不足等情况下,专业学习对乡村教师的专业发展有重要价值,要完善对乡村教师的支持措施,需要对影响乡村教师专业学习的要素进行深入研究。因此,本部分既关注工作环境对乡村教师专业学习的影响,更深入探讨乡村教师个体的心理资本对其影响关系的中介作用。

本部分采用 SPSS19.0 和 Mplus7.4 对数据进行统计、分析,主要使用描述性统计分析、聚类分析、多元线性回归分析以及中介效应检验对数据进行处理。首先,对主要变量进行描述性统计分析,考察各主要研究变量的人口计量学差异;其次,分别采用多重回归、多元回归的方法,探索工作环境中各变量对乡村教师心理资本和专业学习的独特效应,独特效应是指多个预测变量同时作用于相同结果变量时各自的预测作用是否不同于零,其目的是考察多个前因变量共同作用时各自的效应(周菲等,2016);最后,采用 Bootstrap 检验考察心理资本的中介效应,提出工作环境作用于乡村教师专业学习的影响机制。各主要变量的描述性统计见表 6-1。

表 6-1　变量的描述性统计及相关矩阵

变量	平均数	标准差	变革型领导	工作支持	程序公平	同事关系	心理资本	专业学习
变革型领导	4.179	0.849	—					
工作支持	3.658	1.030	0.686**	—				
程序公平	3.852	1.060	0.686**	0.697**	—			
同事关系	4.299	0.572	0.245**	0.143**	0.198**	—		
心理资本	4.157	0.797	0.515**	0.442**	0.549**	0.471**	—	
专业学习	4.273	0.584	0.449**	0.328**	0.428**	0.446**	0.844**	—
α	—	—	0.931	0.789	0.949	0.781	0.953	0.936
CR	—	—	0.932	0.799	0.949	0.813	0.934	0.935
AVE	—	—	0.632	0.575	0.758	0.600	0.781	0.784

注:* 表明 0.1 水平显著,** 表明 0.05 水平显著,*** 表明 0.01 水平上显著。

由表 6-1 可知,各研究变量的平均值大多在 3.6～4.2,说明样本校校长在变革型领导方面表现较好($M=4.179,SD=0.849$);乡村教师对自我心理资本($M=4.157,SD=0.797$)和专业学习($M=4.273,SD=0.584$)的评价较高。但是对于学校组织中程序公平($M=3.852,SD=1.060$)和工作支持($M=3.658,SD=1.030$)的评价呈中等偏上状态,对同事关系的评价也较高($M=4.299,SD=0.572$)。各研究变量间相关系数均达到 0.01 及以上显著水平,均为显著的正相关关系。分析相关矩阵可知,变量间相关关系符合研究理论预期,可以进一步探索各变量间的相互预测关系并进行模型探讨。

(二)专业学习与心理资本的代际差异

教师代际差异的划分主要结合国内外通行的"重大事件划分法"和"客观出生年代"两个标准,将教师群体具体划分为:社会主义建设一代(1960—1966 年,简称"60 后")、"文革"一代(1967—1978 年,简称"67 后")、改革开放一代(1979—1989 年,简称"80 后")和"90 后"(1990—1995 年)四代。为检验乡村教师心理资本与专业学习的代际差异,首先采用方差分析进行数据处理,如果代际群体出现显著差异,再分别对各群组进行两两检验,检验结果见表 6-2。结果显示,专业学习中的协作($F=1.07,P=0.36>0.05$)与创新($F=1.63,P=0.18>0.05$)在不同代际不存在显著差异;专业学习中的反思($F=2.92,P=0.03<0.05$)与获取新知($F=4.23,P=0.01<0.05$)在不同代人之间存在显著差异。心理资本中的自信、希望、韧性和乐观等四个变量在不同代人之间均存在显著差异,显著性检验 P 值均达到 0.01 显著性水平。

表 6-2 专业学习和心理资本的代际差异

变量名称		①"90 后"$(n=150)$	②"80 后"$(n=364)$	③"67 后"$(n=241)$	④"60 后"$(n=109)$	总体$(n=864)$	F	两两比较(LSD)
专业学习	协作	4.31±0.69	4.33±0.65	4.41±0.62	4.38±0.67	4.36±0.65	1.07	无显著差异
	反思	4.24±0.72	4.20±0.72	4.34±0.66	4.39±0.66	4.27±0.70	2.92*	④③>②
	创新	4.28±0.65	4.20±0.69	4.32±0.66	4.23±0.65	4.25±0.67	1.63	无显著差异
	获取新知	4.26±0.66	4.13±0.69	4.32±0.63	4.20±0.73	4.21±0.68	4.23**	③①>②

续表

变量名称		①"90后"(n=150)	②"80后"(n=364)	③"67后"(n=241)	④"60后"(n=109)	总体(n=864)	F	两两比较(LSD)
心理资本	自信	4.10±0.62	4.14±0.60	4.26±0.57	4.38±0.59	4.20±0.60	6.48**	④③>①②
	希望	4.16±0.68	4.07±0.70	4.19±0.72	4.36±0.63	4.15±0.70	5.31**	④>①②③
	韧性	4.03±0.65	4.04±0.69	4.18±0.63	4.31±0.55	4.11±0.66	6.57**	④③>①②
	乐观	4.10±0.69	4.05±0.75	4.22±0.68	4.34±0.58	4.14±0.71	6.32**	④>①②

根据表 6-2 中的两两比较结果可知,在专业学习变量中的反思维度方面,"60后"及"67后"与"80后"存在显著差异;从均值上看,"67后"和"60后"也显著高于"80后"和"90后",表明青年教师在反思性学习方面不如中老年教师有经验。在获取新知方面,"67后"及"90后"与"80后"存在显著差异;从均值上看,"67后"和"90后"也显著高于"80后",表明"67后"教师具有更强烈的知识获取欲望,这与其特殊的成长环境相关,同时"90后"作为新入职教师,在获取新知方面也明显高于"80后"。

在心理资本变量中的自信与韧性两个维度方面,"60后""67后"与"80后""90后"之间存在显著差异;在均值方面,"60后""67后"也显著高于"80后"和"90后",说明乡村的中老年教师更加自信,韧性水平也较高,而"80后""90后"等青年教师的自信与韧性水平则相对较低。此外,在希望与乐观两个维度方面,"60后"教师也显著高于其他年代的教师,尤其高于"80后""90后"教师,说明"80后""90后"乡村教师不如"60后"教师乐观,对未来发展的希望认知相对较低。

二、回归结果分析

采用分层回归方法考察工作环境和心理资本对专业学习的预测情况。对各因子进行多重共线性诊断,其容忍度均大于 0.5,方差膨胀因子(VIF)均小于 2,表明各因子间不存在严重的共线性问题,分析结果详见表 6-3。首先,将性别、"代"、学历、职称和职务等人口统计学控制变量纳入回归方程,控制变量与专业学习的多元相关系数 R^2 为 0.018,解释变异量较低,但其多元回归整体检验的 F 值为 3.137,达到 1‰ 显著水平。结果表明"代"和职务与教师专业学习有显著的正向关系。

表 6-3　工作环境及心理资本与专业学习的关系

变量		因变量:专业学习		
		模型 1	模型 2	模型 3
控制变量	性别	0.072	0.034	0.035
	"代"	0.105 *	0.054	−0.038
	学历	0.011	0.034	0.037
	职称	−0.062	−0.031	−0.025
	职务	0.104 **	0.036	0.015
自变量:工作环境	变革型领导		0.220 ***	0.056
	工作支持		−0.008	−0.024
	程序公平		0.205 ***	−0.009
	同事关系良好		0.292 ***	0.078 ***
中介变量:心理资本	自信			0.548 ***
	希望			0.119 ***
	韧性			0.058
	乐观			0.124 ***
回归模型摘要	R^2	0.018	0.289	0.663
	ΔR^2	0.012	0.282	0.658
	F	3.137 **	38.624 ***	128.60 ***

注:* 表明 0.1 水平显著,** 表明 0.05 水平显著,*** 表明 0.01 水平上显著。

　　其次,将工作环境中的四个变量纳入回归方程,模型 2 中自变量与专业学习的多元相关系数 R^2 为 0.289,即能解释专业学习 28.9% 的变异量,显著性改变的 F 值为 38.624,达到 0.001 的显著性水平,方程整体拟合效果较好。结果表明变革型领导、程序公平和同事关系能够显著预测教师专业学习表现,呈现显著的正向关系,而工作支持与专业学习间未达到统计显著水平,因此本研究将进一步探讨心理资本是否显著调节两者关系。

　　最后,将心理资本中的四个变量纳入回归方程,合计 13 个自变量与专业学习的多元相关系数 R^2 为 0.663,即整体解释变异增加了 37.4 个百分点,显著性改变的 F 值为 128.6,达到 0.001 显著性水平。从标准系数 β 也可看出,自信、希望和乐观水平与教师专业学习呈现出显著的正向关系,回归系数最高的是自信,为 0.548,其次是乐观(0.124)和希望(0.119),最低的是韧性(0.058),韧性与专业学习间也未达到统计显著水平。

本部分运用结构方程建模技术,以 Bootstrap 方法,对变革型领导、工作支持、程序公平和同事关系通过心理资本对乡村教师专业学习的影响进行验证,即验证心理资本在不同变量中的中介效应。Bootstrap 是将原来的样本(样本量为 n)做有被放回的随机重复抽样,共抽取 N 个样本,可能存在重复样本,这样在原始样本基础上就产生了新的样本。重新取样后,计算重新取样数据集中的中介效应估计值 a、b。这个过程一般至少要进行 k 次(k 至少要进行 1000 次,本研究做了 2000 次)。全部完成后,我们获得了关于间接效应的 k 个估计值。我们将这些估计值进行有序排列,用第 2.5 个百分位数和第 97.5 个百分位数来估计 95% 的置信区间,这一过程称为非参数的百分位 Bootstrap 法。假如这一置信区间中的上限和下限不包含零,那么我们可以认为拒绝了间接效应为零的虚无假设,即间接效应成立。Bootstrap 在检验中介效果方面比 Sobel Test 和 Baron 与 Kenny 的因果逐步回归分析法更加有效(Hayes,Beyond,2009)。

相关研究指出,年龄、学历和职务等变量可能对教师的专业学习产生影响,因此本研究将其设置为控制变量。结果显示,在控制了年龄、学历和职务等教师人口学变量后,变革型领导、程序公平和同事关系通过心理资本影响乡村教师专业学习的中介效应成立,但是直接效应并不显著。这意味着学校组织中变革型领导行为、程序公平和同事关系并非直接对乡村教师专业学习行为产生影响,而是通过作用于心理资本,间接地影响专业学习。但是工作支持对乡村教师专业学习不论是直接效应还是中介效应都并不显著。模型各项拟合指数如图 6-1 右上角所示,表明所建构的中介模型与数据拟合水平良好,中介模型及变量间路径的标准化系数值详见图 6-1。

从图 6-1 可以看出,本研究中变革型领导、程序公平和同事关系对乡村教师专业学习的总解释效应为 0.723(0.169 * × 0.0844 + 0.358 × 0.0844 + 0.329×0.0844)。其中变革型领导对专业学习的间接影响效应为 0.143(0.169×0.0844);同事关系对专业学习的间接影响效应为 0.302(0.358×0.0844);程序公平对专业学习的间接影响效应为 0.277(0.329×0.0844)。变量间的路径系数及显著性检验见表 6-4。

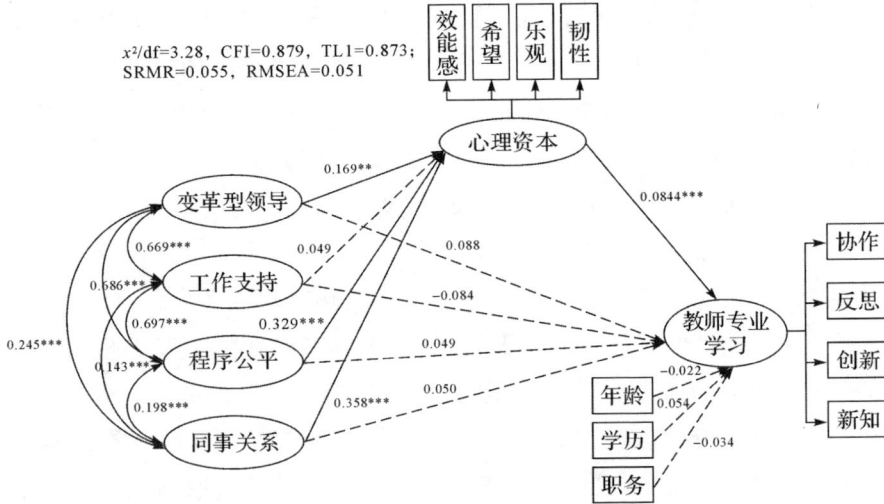

图 6-1　工作环境对乡村教师专业学习的影响结构模型

表 6-4　潜变量间路径系数及显著性检验

影响路径	效应	点估计值	系数乘积		95% Bias Corrected CI		Two-tailed Sig
			SE	Z	下限	上限	
变革型领导→心理资本→教师专业学习	标准化总效应	0.231	0.059	3.900	0.164	0.341	***
	标准化间接效应	0.142	0.051	2.764	0.080	0.218	**
程序公平→心理资本→教师专业学习	标准化总效应	0.228	0.050	4.528	0.203	0.319	***
	标准化间接效应	0.277	0.042	6.539	0.206	0.320	***
同事关系→心理资本→教师专业学习	标准化总效应	0.353	0.035	10.102	0.301	0.392	***
	标准化间接效应	0.302	0.030	10.088	0.255	0.338	***
工作支持→心理资本→教师专业学习	标准化总效应	−0.043	0.053	−0.813	−0.132	−0.008	—
	标准化间接效应	0.041	0.033	1.270	−0.008	0.071	—

注：* 表明 0.1 水平显著，** 表明 0.05 水平显著，*** 表明 0.01 水平上显著。

三、总结与讨论

（一）主要结论

第一，描述性统计结果显示，乡村教师对自我心理资本和专业学习的评价较高，对工作环境中同事关系的认可度也较高，而对学校组织中程序公平和工作支持的评价相对较弱,说明要在学校制度建设和组织关怀等方面进一步加强对乡村教师的支持。从乡村教师心理资本的均值来看,其自信水平表现最高,其次是希望水平,再次是乐观水平,最后是韧性水平。对乡村教师专业学习的均值进行比较后发现,乡村教师的协作学习程度最高,其次是反思学习,再次是创新学习,而获取新知的学习程度则最低,表明乡村教师的专业学习更多地依靠协作与反思的方式进行,而在创新与获取新知的学习方面相对不足,这也与其特殊的身份和工作环境相关。

第二,人口学变量差异结果表明,乡村教师在专业学习和心理资本方面存在着明显的代际差异。在专业学习变量中,"67后"和"60后"乡村教师的反思性学习水平显著高于"80后"和"90后";"90后"乡村教师在获取新知方面显著高于"80后";与"67后""60后"相比,"80后"获取新知的学习程度最低。在心理资本变量中,"60后"与"67后"的自信与韧性水平显著高于"80后"和"90后";在希望与乐观维度方面,"60后"乡村教师也显著高于其他年代的教师,尤其高于"80后""90后"教师。整体来看,"80后"乡村教师对自我心理资本的认知评价较低,其专业学习水平也有待提高,反映出其职业认同度偏低的问题。这与岳金环(2010)的研究一致,即25岁及以下年龄段的农村教师职业认同度最高,其次是51岁及以上年龄段,26~30岁、31~40岁年龄段农村教师职业认同程度最低。

第三,通过回归分析结果发现,工作环境与心理资本对乡村教师的专业学习程度有显著的正向预测效应。工作环境变量中变革型领导、程序公平和同事关系能够显著影响乡村教师的专业学习表现,心理资本变量中的自信、希望与乐观水平也能显著影响乡村教师的专业学习表现,合计13个自变量与专业学习的多元相关系数 R^2 为0.663,即能整体解释变异量为66.3%。同时,通过 Bootstrap 方法分析可知,心理资本在工作环境与专业学习间的中介调节效应显著,表明工作环境中变革型领导、程序公平和同事关系并非直接对乡村教师专业学习行为产生影响,而是通过作用于心理资本,间接影响乡村教师的专业学习。主要形成了"变革型领导→心理资本→专业学习""程序公平→心理资本→专业学习""同事关系→心理资本→专业学习"三条显著的影响关系路径。

(二)政策建议

(1)改善制约乡村教师创新与学习的不利环境。乡村学校地理位置相对偏远,生态环境较为封闭,乡村教师与外界进行信息流和能量流交换时受到一定限制,其专业学习的方式主要依靠个人反思和同事协作进行,而在创新试验和获取前沿知识等方面的专业学习不足。因此,要大力改进制约乡村教师专业学习的不利环境,以多种措施保障其专业发展。政府层面,应重点加强乡村学校信息化基础设施建设,引导乡村教师积极参加远程教育,与城镇学校优秀教师建立一对一在线合作学习机制;同时在经费投入、培训机会、教学科研等方面向乡村教师倾斜,保障其基本的学习时间和学习机会,鼓励乡村教师大胆开展教学试验和创新探索。学校层面,要创新教育教学管理制度,确保程序公平,为乡村教师专业学习提供制度支持和条件保障,形成符合乡村教师需求的常态化专业学习机制。积极加强学校组织关怀,建立促进乡村教师专业学习的激励和制约机制,构建以"学习文化"为核心的学习型组织。

(2)重视中介效应,提升乡村教师的心理资本。研究结果显示,工作环境并非对乡村教师专业学习产生直接影响,而是通过心理资本间接影响专业学习,心理资本在这个过程中发挥了完全中介作用,因此要高度重视其中介效应,提升乡村教师的心理资本,从而改善乡村教师专业学习的态度、行为及成效。从个体层面来说,乡村教师自身要努力克服否定自我的自卑情节及玩世不恭的犬儒定位,牢记身为人师所肩负的道德使命,充分认识个体在乡村社会中普及文化、移风易俗、引进科技、发展经济的重要价值;同时要通过和谐的社会交往和适当的运动保持身心健康,通过自我学习、主动改良、试验探索等方式,从根本上完善自我的核心素养(高盼望等,2015)。从学校层面来说,要通过多种措施引导和干预乡村教师的心理状态,激发和提升其心理资本水平。学校领导要密切关注乡村教师心理资本的变化,实施必要的激励与评价工作,重点加强心理资本提升的专题培训,鼓励乡村教师增强自信、保持乐观并学会自我调节。

(3)引导乡村教师自主学习,激发其内在发展动力。外在工作环境对乡村教师的专业学习有较大影响,但是其影响属于一种非自觉、他组织的客观主义学习范式,为更有效提升乡村教师专业学习水平,还需加强其自主学习、内生动力的引导与激发。因为与城镇相比,乡村学校的外在环境毕竟有限且难以在短时间内有较大改变,这就更加需要引导乡村教师以一种自我救赎的方式自主学习与内生发展。首先,要通过外部物质、精神环境的支持,引导乡村教师理解专业学习和自主成长的必要性,逐步培养其自主学习的意识。通过组建各种学习共同体,增强其组织认同感和归属感,发挥群体文化的积极动力作用,激发每一位乡村教师的内在发展动力。其次,还需要政府或社会各界加大乡村学校学习资源的投入,为乡村教师自主学习提供资源保障,重点搭建网络平台、构筑优质的自我导向学习资源库。乡村学校也要积极打破封闭办学状态,充分挖掘和有效利用本土和社会资源,建立广泛的资源共享机制,有效构建内容丰富、空间开放的教师学习平台(徐君,2009)。

(4)对不同代际乡村教师实施差异化支持政策。研究表明,工作环境对乡村教师专业学习的影响,在不同代际群体间存在较为明显的差异,比如年长教师在反思性学习方面远高于年轻教师,而年轻教师在获取新知方面又高于年长教师,乡村学校中"80后""90后"教师的心理资本水平普遍低于"60后"和"67后"等。基于此,为提高乡村教师专业学习水平,需要针对不同代际群体实施差异化、个性化的支持策略。对于"80后"和"90后"乡村教师来说,要加强其心理资本的培育与提升,重点增强"80后"和"90后"对乡村教师职业的认同感和归属感,使其努力保持一种自信、乐观、积极向上的人生态度,使其相信在乡村学校也能实现个人事业发展的理想目标。对于"60后"和"67后"乡村教师,要鼓励其积极获取最新教改信息,不断开展教育教学的试验探索与创新,不因循守旧、消极怠工。调研中也发现,乡村教师对于学校程序公平的认可度相对较低,学校应在组织管理和专业支持等方面不断改进,避免简单化、一刀切的刚性管理,制定差异化的考核评价和激励策略,才能调动不同群体乡村教师专业学习的积极性。

第二节　城乡教师专业发展差距的影响因素

随着中央各项农村教育支持政策的有效落实,乡村教师的工作环境和工资待遇均有大幅改善,乡村教师因为工资待遇低而离职的现象逐步减少,追求教师个人专业发展、获得职业成就感成为乡村教师流动的主要因素。目前,城乡教师专业发展的差距仍然较为明显,在城乡教师的共同教研活动中,城镇教师往往扮演着示范者、引领者角色,而乡村教师则是接受者、聆听者角色。许艳丽(2016)认为,发展环境直接决定着教师专业发展的高度,城乡教师专业发展的差距,不仅仅取决于城乡的概念与意识,更取决于城乡学校为教师发展创造的环境与条件。比如我们在调研中了解到,同一所师范学校毕业的同班同学,一位走上城镇学校的讲台,一位扎根农村教育的田野,多年后城镇学校教师已经小有名气,而乡村学校教师却依然如初。本部分利用对山东省的调查数据,分析城乡教师专业发展差距的影响因素,既关注学校层面的外部环境因素,比如学校管理、校长领导、培训支持和民主参与等方面;也关注乡村教师个体因素,比如教学效能感、心理资本、教育理念、专业学习等方面。

一、城乡学校校长管理因素的差异

总体来说,城镇学校生源、师资力量、教研培训等方面的资源比较丰富,也建立了比较完善的学校管理机制,而农村学校的优质资源相对不足,学校管理制度也不够健全,是影响乡村教师专业发展的一个重要因素。本部分着重关注城乡学校校长领导力的差异,因为校长领导力影响着学校管理的水平,即一个好校长就是一所好学校。首先统计城乡教师对其所在学校校长领导力评价的差异情况。统计发现,城镇教师对其学校校长领导力的评价为 4.12 分,而乡村教师对其校长领导力的评价为 4.02 分。t 检验结果显示,两者在 1% 显著性水平上存在差异,表明城镇教师对其学校校长领导力的评价显著高于乡村教师。从效应量统计结果来看,城镇教师与乡村教师对校长领导力评价的得分均值相差 0.13 个标准差。进一步区分校长领导力的不同维度,分析城乡学校校长领导力的具体差异情况,统计结果见表 6-5。

表 6-5 城乡学校校长领导力分维度的差异

分维度	学校类型	平均值＋标准差	效应量统计	t 检验值
制定发展愿景	城镇教师(1676)	4.14±0.90	0.1126666 [0.050369 0.1749505]	3.55***
	乡村教师(2428)	4.04±0.91		
课程教学引领	城镇教师(1676)	4.14±0.83	0.1111836 [0.0488874 0.1734663]	3.50***
	乡村教师(2428)	4.05±0.83		
关注学生学业	城镇教师(1676)	4.08±0.83	0.1195393 [0.0572353 0.1818287]	3.76***
	乡村教师(2428)	3.98±0.83		

续表

分维度	学校类型	平均值＋标准差	效应量统计	t 检验值
营造发展环境	城镇教师(1676)	4.12±0.82	0.1397586 [0.0774337　0.2020665]	4.40***
	乡村教师(2428)	4.01±0.83		

注：*表明 0.1 水平显著，**表明 0.05 水平显著，***表明 0.01 水平上显著。

由表 6-5 可知，在制定发展愿景、课程教学引领、关注学生学业和营造发展环境等四个维度，城镇教师对校长领导力的评价得分均显著高于乡村教师，且 t 检验均在 1% 显著性水平上存在差异；效应量统计结果也与总体校长领导力的城乡差异一致。值得注意的是，在校长领导力的四个维度中，营造发展环境的城乡差异最大，达到了 0.14 个标准差，该维度主要指校长是否在校内营造良好人际氛围，与兄弟学校、上级部门或者所在社区的沟通与资源协调能力。由此可见，城镇学校校长在协调外部资源、争取学校发展支持方面的得分显著高于农村学校，可能原因是城镇学校本身占有较多的优质资源，且处于城镇社区当中，能够利用学校自身的优质资源协调各种关系，从而促进学校发展。而农村学校所占有的社会资源相对不足，协调外部关系的需求和能力相对偏弱，因此在该维度上得分显著偏低。除校长领导力之外，本研究还测量了城乡学校的组织管理氛围，主要涉及学校的制度建设、教师民主参与、教师权利保障、管理沟通氛围等内容，统计结果见表 6-6。

表 6-6　城乡学校组织管理氛围的 t 检验

分类	样本数量	平均值	标准差	标准误
城镇教师	1676	3.92	0.88	0.02
乡村教师	2428	3.86	0.87	0.02
Diff		0.06	T	2.08
Cohen's d 统计量：		0.06611	[0.0038466　0.1283654]	

注：*表明 0.1 水平显著，**表明 0.05 水平显著，***表明 0.01 水平上显著。

由表 6-6 可知，城乡教师对学校组织管理氛围的评价存在显著差异，城镇教师对学校组织管理氛围的评价得分显著高于乡村教师，t 检验均在 1% 统计水平上差异显著。从效应量统计结果看，城乡教师对学校组织管理氛围评价的得分均值相差 0.06 个标准差，属于微小效应量范围，但是 95% 的置信区间为(0.04,0.13),该区间排除了取值为 0 的情况,即城乡学校组织管理氛围的得分在实际意义上存在差别。统计结果在一定程度上反映出城镇学校在学校管理制度建设、教师民主参与、教师权利保障与协调沟通等方面比农村学校要更加完善,城镇学校管理制度体系更加健全。

二、城乡学校工作支持因素的差异

城乡教师的专业发展,不仅需要教师自身的努力,也需要其所在学校的支持,包括软硬件资源支持、同伴教师互助、校长办学理念引领等,更需要校外专家的指导、培训,以及区域性教育改革制度的引领和保障等。统计城乡教师对学校组织支持的评价得分差异发现,城乡教师对学校组织支持的评价得分存在较大差异,城镇教师显著高于乡村教师,且在 1%统计水平上存在显著差异。从效应量统计看,城镇教师与乡村教师对学校组织支持评价的得分均值相差 0.1 个标准差,两者得分在实际意义上存在差别。由此可见,城镇学校对于教师专业发展的支持力度,显著高于乡村教师,体现在培训支持、物质支持、公平绩效评估及教师自主权等方面。进一步区分学校组织支持的不同维度,分析城乡教师对学校组织支持评价的具体差异,统计结果见表 6-7。

表 6-7　城乡教师组织支持分维度的差异

分维度	学校类型	平均值＋标准差	效应量统计	t 检验值
教师培训支持	城镇教师(1676)	4.04±0.93	0.1383558 [0.0760324　0.2006623]	4.36***
	乡村教师(2428)	3.91±0.93		
公平绩效评估	城镇教师(1676)	3.96±0.97	0.0771712 [0.0149011　0.1394319]	2.43**
	乡村教师(2428)	3.89±0.94		
教师自主权	城镇教师(1676)	3.99±0.94	0.0674564 [0.0051922　0.1297124]	2.12**
	乡村教师(2428)	3.93±0.93		

注:* 表明 0.1 水平显著,** 表明 0.05 水平显著,*** 表明 0.01 水平上显著。

由表 6-7 可知,在教师培训支持、公平绩效评估及教师自主权等维度,城镇教师对组织支持的评价得分均显著高于乡村教师,城乡教师对各维度评价得分相差 0.07~0.14 个标准差。分维度看,城乡学校间教师培训支持维度的差异最大,t 检验在 1%统计水平上存在差异,统计效应量达到 0.14

个标准差,显著高于另外两个维度。由此可见,为促进教师专业发展,城镇学校在培训经费支持、培训时间、差异化培训及高端培训等方面提供了更多资源支持,而农村学校在上述方面的支持明显偏弱,这也会影响到乡村教师的专业发展。对比我们在甘肃的调研数据,进一步分析城乡教师参加培训次数的差异情况,以一个学期为例,统计结果见表 6-8。

表 6-8　城乡学校培训次数的差异

分类	样本数量	平均值	标准差	标准误
城镇教师	268	1.31	1.45	0.09
乡村教师	506	0.96	1.10	0.05
Diff		0.35	T	3.73***
效应量统计:		0.2816407	[0.1328126	0.430288]

注:* 表明 0.1 水平显著,** 表明 0.05 水平显著,*** 表明 0.01 水平上显著。

　　由表 6-8 可知,城镇教师一学期参加培训的平均次数为 1.31,而乡村教师一学期参加培训的平均次数为 0.96,t 检验结果显示,两者在 1‰ 统计水平上存在显著差异,效应量统计为 0.28 个标准差。由此可见,城镇教师参加外出培训的机会显著高于乡村教师。进一步比较参加培训的级别发现,在外出培训机会方面,城乡教师的差异相对偏小,主要是在外出参加县级培训方面的差异较大,城镇教师参加县级培训的机会显著大于乡村教师,而在参加市级及以上培训机会方面,城乡教师差异不显著。主要原因是城镇教师的培训基本上都是县级培训,而对乡村教师来说,参加县级培训的机会相对偏少,而在市级及以上培训的机会方面,可能有城乡培训名额的均衡分配,因此城乡差距不显著。但是在线上培训方面,城乡教师的培训机会差异十分显著。在线参加县级、市级及省级培训的机会,城镇教师显著高于乡村教师,原因是在线培训机会更多是由学校自身资源条件决定,而不是由行政部门分配的培训机会。城镇学校拥有更多财力资源,会给教师争取更多培训机会,而农村学校资源相对缺乏,理念也相对落后,因此对在线培训的支持和推进力度相对不足。

　　此外,城乡教师流动不对等,制约了乡村教师队伍的整体活力。《支持计划》中提出要引导城镇优秀教师向乡村学校流动,县域内重点推动县城学校向乡村学校交流轮岗,但是当前城乡教师流动不对等的问题仍然突出,通

常是城镇学校把不优秀的教师流动出去,而农村学校流出的则是经验丰富
的优秀教师。城镇教师到乡村交流或支教,多数是短期的且缺乏相应的考
核措施,其在农村学校发挥的引领作用比较有限。但是乡村学校优秀教师
对学校教师发展的专业引领作用非常大,他们的流失会给学校工作带来较
大损失,破坏了校内教师学习共同体,尤其是对年轻教师来说,如果进入农
村学校没有一个好教师引领,其成长就非常慢。优秀教师流失不仅影响到
乡村教师队伍的整体活力,而且会造成农村学校的优秀生源流失,从而形成
一种恶性循环,影响乡村教育的发展活力。

　　城乡教师流动不对等问题,源于地方政府在教师资源配置中的功利化
思路,对乡村师资配置不够重视。一方面,教育行政部制定的针对乡村教师
进城的筛选机制不合理,多数地区是采取考试选拔或积分选拔方式,从乡村
学校中层层筛选优秀教师,而对县城学校教师交流到乡村学校则无任何标
准。有些地区的选拔考试是教育行政部门定期、主动组织的,目的是充实县
城学校的教师力量,这对乡村学校发展产生不良的导向;另一方面,新招聘
教师分配的功利化问题,出于对地方高考政绩的追求,教育行政部门通常把
招聘来的高学历教师分配到高中学校,其次是初中学校,最后才是农村小
学;而且在学科教师的使用上,也存在配置不均衡的问题,尽管给乡村学校
分配了音体美教师,但是分配到农村的音乐教师不教音乐,而是去教语文,
其教学效果可想而知。统计东部地区某县 2016 年度教师学历、年龄及职称
的分布结构,详见表 6-9。

表 6-9　东部某县 2016 年度教师分布情况

学校类型	硕士生数/个	本科及以上/%	45 岁以下/%	中级及以上/%	高级教师/%
高中	35	100	74.5	63.4	19.8
县城初中	3	98.2	58.4	60	15.6
乡镇初中	2.2	97.5	55.6	59	13.3
县城小学	1	95.3	79.1	44.6	3.2
乡村小学	0.46	72.3	65.1	41.1	2.8
幼儿园	0	10.7	79.4	3.7	0

分析表 6-9 可知,教师的层次和水平在不同类型学校中配置不均衡,存在着逐层衰减的问题,乡村学校教师的学历层次、年龄结构和职称结构等方面均比较弱势。因此,激发乡村教师队伍的整体活力,还需要政府在配置优秀教师方面向乡村倾斜,真正能把优秀教师补充进去。

三、城乡教师专业学习与教学差异

教师专业学习能力是影响其专业发展的重要因素,体现出教师在教育教学过程中的工作方式和专业能力。城乡教师专业发展的差距必然与城乡教师在专业合作、教学反思、教学创新及获取教育教学前沿知识等能力有关。本部分对城乡教师专业学习能力的差异进行统计检验发现,城乡教师专业学习能力存在显著差异,t 检验在 1‰ 统计水平上存在显著差异,效应量统计为 0.08,表明城镇教师的专业学习能力在实际意义上显著高于乡村教师。为更全面地分析城乡教师专业学习能力的差异,需要进一步区分教师专业学习的不同维度,统计结果见表 6-10。

表 6-10　城乡教师专业学习能力分维度的差异

分维度	学校类型	平均值＋标准差	效应量统计	t 检验值
协作能力	城镇教师(1676)	4.33±0.78	0.0954838 [0.0332007　0.1577552]	3.01***
	乡村教师(2428)	4.25±0.77		
反思能力	城镇教师(1676)	4.22±0.75	0.0936635 [0.0313819　0.1559338]	2.95***
	乡村教师(2428)	4.15±0.73		
创新能力	城镇教师(1676)	4.21±0.77	0.0551457 [−0.007112　0.1173968]	1.74*
	乡村教师(2428)	4.17±0.74		
获取新知能力	城镇教师(1676)	4.17±0.78	0.054921 [−0.0073367　0.1171719]	1.73*
	乡村教师(2428)	4.13±0.76		

注:* 表明 0.1 水平显著,** 表明 0.05 水平显著,*** 表明 0.01 水平上显著。

由表 6-10 可知,在协作、反思、创新及获取新知等四个维度上城镇教师均显著高于乡村教师,t 检验和效应量统计均显示两者之间存在实际意义上差别。城乡教师差距最大的是同事协作能力,城镇教师与同事开展教育教学协作的能力和机会显著高于乡村教师,表明乡村教师在实现个体专业发展中面临学校团队支持不足问题,同事协同进行教学业务研讨的机会和能力不足。其次,教学反思能力是城乡教师差距比较大的维度,教师专业反思既是教师个体在教学过程中主动总结经验,也是源于领导、同事和学生的反馈刺激了教师反思。城镇教师在专业反思方面的得分显著高于乡村教师,表明城镇教师不断总结反思的能力较好,也反映出城镇学校具备推进教师专业发展的环境。

最后在教学创新和获取新知方面在乡教师也存在显著差异。教学创新需要突破原有的教学风格,改变长期以来的工作习惯,突破教学中的"舒适地带"。对城镇教师来说,可能更加容易了解新的教育理念和教学模式,创新动力相对偏高,而对乡村教师来说,则更倾向维持传统的教学模式,缺乏创新改进的动力。在获取新知方面,城镇教师也显著高于乡村教师,获取新知是对教育改革、课程改革和教学改革等最前沿信息的获取和学习能力,通过网络、期刊等渠道获取更多的教育教学信息,有助于改进教育教学方式,提高专业发展能力。此外,本部分还对城乡教师的教学效能感差异进行测量,统计结果见表 6-11。

表 6-11　城乡教师教学策略效能感的差异

分类	样本数量	平均值	标准差	标准误
城镇教师	1676	4.11	0.02	0.71
乡村教师	2428	4.07	0.01	0.69
Diff	−0.04	0.02	T	−1.81
Cohen's d 统计量:		0.0576109	[−0.0046481	0.1198628]

统计发现,乡村教师和城镇教师在总体教学效能感方面的差异不显著。可见,乡村教师对于自我课堂教学策略的信念和认可度相对偏低,与县城教师存在一定差距,这也在一定程度上解释了县城教学质量高于乡村学校的原因。教学策略效能感是影响教师专业发展、决定教学质量的重要因素,也是学校管理和培训支持中最为关注的内容。本研究还调查了城乡教师心理资本的差异情况,统计结果见表 6-12。

表 6-12　城乡教师心理资本分维度的差异

分维度	学校类型	平均值＋标准差	效应量统计	t 检验值
心理自信	城镇教师(516)	4.24±0.70	0.1533025 [0.0386039　0.2679370]	2.62***
	乡村教师(678)	4.14±0.69		
心理韧性	城镇教师(516)	4.17±0.67	0.1066409 [−0.0079628　0.2211999]	1.83*
	乡村教师(678)	4.10±0.65		
心理乐观	城镇教师(516)	4.23±0.69	0.1546543 [0.0399525　0.2692914]	2.65***
	乡村教师(678)	4.13±0.71		

注：* 表明 0.1 水平显著，** 表明 0.05 水平显著，*** 表明 0.01 水平上显著。

由表 6-12 可知，城乡教师在心理资本中的自信和乐观维度存在着显著差异，t 检验均在 1‰显著性水平上存在差异，效应量计算统计量为 0.15 个标准差。由此可见，城镇教师对工作的自信心和对生活的乐观得分比乡村教师要显著偏高，而这种乐观和自信通常也是源于城镇学校优质的教育资源、良好的教师团队，以及城镇教师的社会地位相对偏高等因素，都在一定程度上影响到城乡教师对于工作的自信和乐观。

四、城乡教师教育教学理念的差异

实地调研了解到，城乡学校已经不存在硬件设备和物质待遇的差异了，很多地方的农村学校建设和教师工资待遇已经超过了城镇学校，但为什么城乡教师专业发展仍然存在较大差距，原因可能是城乡学校办学理念、教育理念的差距导致乡村教师的专业自信和成就感缺失，一定程度上影响了其职业稳定性。本部分通过访谈案例，对当前城乡教师工作环境的新形势进行分析。

我们访谈了山东省胶州市教育局的张老师，他介绍了当前城乡教师工作氛围和发展诉求的差异情况，内容如下：

关于城乡教师的发展差距问题。以前是乡村教师留不住，大家都想往城里走，这是一个很难解决的问题。在那个时候，乡村教师待遇差，城里由于学校绩效工资的自主权，学校可以发奖金，教师工资水平就显著高于农村。而当前绩效工资改革后，城镇学校也不允许私自发奖金，城镇教师的工资待遇没有了优势。以前，农村地区学校工作条件差,城乡交通不方便,现在农村学校都开通了到县城的班车,上班比较方便,生活及各个方面都很方便,乡村教师基本上都住在城镇里。以前关注的是物质方面,现在实施乡村教育振兴计划之后,需要振兴的已经不是乡村,从物质方面是要振兴城区了。当前,有些地方的农村学校,每年给两个名额报名考录城镇教师,结果出现了报名人数不够的情况。然而,现在为什么还有骨干教师流失?

因为当前的发展形势变了,需要认清现在的形势,采取相应的对策,主要谈两个观点。一个是教师追求实现自身的价值。农村学校条件虽然好,但是学校的教育理念,对年轻教师的传帮带及学校发展的整体氛围等方面整体都跟不上。我有一个学生,分到了胶州附近的一个乡镇,跟她一起去的有两个女生,刚去的时候有一股新鲜劲,对于教育教学工作的积极性很高,但是在工作过程中,当提出一些教育教学的新想法,会遭到老教师的指责,问:你们要干什么?不想让我们活了?所以说,城乡学校教育理念的差距是较大的问题。

还有一个因素,也是不能忽视的,城乡差异也体现在教师的成就感方面。城里教师,其职业成就感比较强,因为城镇学校家长的素质较高,家长也比较会说,见到教师就嘘寒问暖,特别尊重和配合教师,跟教师的关系非常好,城镇教师就比较有成就感和社会地位感。他们能够感觉得到自己受到非常大的尊重,不是物质方面的尊重,更不是逢年过节的送礼等,而是切切实实地从精神上得到的满足。受到的这种尊重越多,就愿意付出的越多,甚至可以加班加点,比如留下来给孩子补习,家长就会非常感激。而在农村,我在农村当了六年教师,乡村教师在这方面的待遇是没有的,农村绝大多数家长是不管不问,要管要问的时候,通常是孩子让教师打了、骂了等,然后家长就去找学校,甚至去骂老师。在这样的情境下,乡村教师就很少有归属感、缺少成就感。

关于城乡教师教育理念的差异,本研究专门测量了教师的工作价值观,分析城乡教师对待工作价值取向的差异,分三个维度统计城乡教师工作价值观的得分情况,详见表 6-13。

表 6-13 城乡教师工作价值观分维度的差异

分维度	学校类型	平均值＋标准差	效应量统计	t 检验值
舒适与安全	城镇教师(516)	4.06±0.86	0.3546231 [0.2391671 0.4699324]	6.07***
	乡村教师(678)	3.74±0.98		
能力与成长	城镇教师(516)	4.46±0.68	0.1229222 [0.0082889 0.2375041]	2.10**
	乡村教师(678)	4.38±0.66		
地位与独立	城镇教师(516)	3.21±0.93	−0.0697981 [−0.1843191 0.0447521]	−1.19
	乡村教师(678)	3.27±0.87		

注:* 表明 0.1 水平显著,** 表明 0.05 水平显著,*** 表明 0.01 水平上显著。

分析表 6-13 可知,城乡教师工作价值取向存在一定差别,在舒适与安全价值观方面,城镇教师显著高于乡村教师,t 检验结果在 1% 显著性水平上存在差异,效应量统计达到了 0.35 个标准差。由此可见,与乡村教师相比,城镇教师在工作中更加追求舒适与安全的价值取向,这可能与城乡教师具体所在的工作环境与氛围有关,比如农村学校教师的流动性更高,农村学校的撤并整合可能性更大,农村所在社区环境发展薄弱等。在能力与成长价值观中,城镇教师也显著高于乡村教师,效应量统计为 0.12 个标准差,表明城镇教师对于个人能力提高和专业成长的价值取向更加显著,对于自身专业发展的动力更高,而对乡村教师来说,其对于能力和成长价值的诉求相对偏低,可能有些教师觉得发展无望而失去成长动力,在实地调研中也发现个别乡村教师存在"混天熬日子"的情况。

此外,本研究还统计了城乡教师主持课题的实际情况,城镇教师主持市级及以上课题的平均比例为 23%,而乡村教师主持市级及以上课题的平均比例为 15%,t 检验结果显示,两者在 1% 统计水平上存在显著差异。由此可见,城镇教师开展教育教学课题研究的机会显著高于乡村教师,而开展课题研究也是促进教育教学改进的重要路径,是影响城乡教师专业发展差异的一个维度。最后,本研究还统计了城乡教师发表教育教学论文的情况,发表论文也能反映出教师研究课堂教学、总结教学经验、反思教学规律的能力,也是影响教师专业发展的因素。统计发现,城镇教师发表论文的平均数为 2.67 篇,而乡村教师发表论文的平均数为 2.29 篇,结果显示,两者在 1%

统计水平上存在显著差异,效应量统计达到了 0.27 个标准差。由此可见,城镇教师开展教育教学研究、发表相应学术论文的能力显著高于乡村教师。

　　总之,城乡教师专业发展水平的差距来源于多个方面,既有外部环境与学校发展氛围的因素,也与教师个体内在的发展动力与心理状态有关,需要教育行政部门及学校管理者为乡村教师专业发展营造更好的环境,比如校本教研、连片教研、城乡结对教研等有效形式,可以促进乡村教师专业成长。当然,乡村教师也要增强自我专业发展的意识,积极利用多种内外部资源,克服发展短板,与城镇教师平等对话,提高专业自尊心与成就感。

第三节　校长领导力对教师教学效能感的影响

　　教学效能感是乡村教师专业发展的重要指标,受到教师自身素质、学校氛围、校长领导力等多种因素影响。本部分着重分析校长领导力对乡村教师教学效能感的影响关系与机制,以山东省的乡村教师为分析对象,把校长领导力区分为制定发展愿景、课程教学引领、关注学生学业和营造发展环境等变量。

一、描述统计分析

　　校长领导力在促进教师专业发展和提高学生学习质量方面具有重要作用,经济合作与发展组织《教学与学习国际调查》(2013)中提出,有效的学校领导能够从整体上影响学校教与学的环境,是影响学生学业成就的主要因素。教学效能感概念从班杜拉的自我效能理论演化而来,是衡量教师专业发展的重要指标,教师教学效能感的提升也可能会受到校长领导力的影响。我国《义务教育学校校长专业标准》中明确提出校长的专业职责,包括规划学校发展、营造育人文化、领导课程教学、引领教师成长、优化内化管理等。当前国内学者对校长领导力与教学效能感关系的研究相对较多,实证研究的比例也在逐步增多,但是关注城市或普通中小学的研究较多,对乡村教师群体的关注相对偏少。本部分聚焦乡村学校的校长领导力,关注校长领导力与乡村教师教学效能感的影响关系及其影响机制。对校长领导力和教学效能感的相关变量进行简单描述统计,详见表 6-14。

表 6-14　主要变量描述性统计及相关矩阵

分类	指标	平均数（标准差）	制定发展愿景	课程教学引领	关注学生学业	营造发展环境	教学策略	课堂管理	学习参与度
校长领导力	制定发展愿景	4.08 (0.91)	—						
	课程教学引领	4.09 (0.83)	0.84***	—					
	关注学生学业	4.02 (0.83)	0.89***	0.93***					
	营造发展环境	4.06 (0.70)	0.78***	0.90***	0.89***	—			
教学效能感	教学策略	4.09 (0.70)	0.45***	0.48**	0.47***	0.44***	—		
	课堂管理	4.07 (0.76)	0.46***	0.46**	0.46***	0.43***	0.84***	—	
	学习参与度	4.04 (0.75)	0.51***	0.48**	0.50***	0.46***	0.78***	0.81***	—

注：* 表明 0.1 水平显著，** 表明 0.05 水平显著，*** 表明 0.01 水平上显著。

由表 6-14 可知，各研究变量的平均值大多在 4.06 左右，表明乡村教师所在学校校长的领导力表现较好，乡村教师对于自我教学效能感的认可度也较高。只是在个别维度方面有所差异，比如校长领导力中对于学生学业关注的得分相对偏低，教学效能感中调动学生学习参与度的得分相对偏低。各研究变量间相关系数均达到 0.01 及以上显著水平，均为显著正相关关系。分析相关矩阵可知，变量间相关关系符合研究理论预期，可进一步探索各变量间预测关系并进行模型探讨。

为检验乡村教师教学效能感的代际差异，首先采用方差分析进行统计处理，如果代际群体出现显著差异，再对各群组进行 Bonferroni 两两检验。结果显示，乡村教师总体教学效能感存在显著差异，详见表 6-15。

表 6-15　教学效能感的代际差异

分类（样本量）	总体教学效能感	教学策略效能感	课堂管理效能感	学习参与度效能感
"90 后"（386）1	3.99±0.64	4.03±0.67	3.96±0.73	3.97±0.69
"80 后"（954）2	4.08±0.67	4.08±0.68	4.11±0.73	4.06±0.73
"67 后"（718）3	4.02±0.72	4.06±0.73	4.03±0.79	3.98±0.79

续表

分类（样本量）	总体教学效能感	教学策略效能感	课堂管理效能感	学习参与度效能感
"60后"（370）4	4.11±0.65	4.11±0.66	4.13±0.73	4.11±0.71
F 检验	$F=3.09^{**}$	$F=0.95$	$F=4.66^{***}$	$F=3.8^{***}$
两两比较（LSD）	$4>1^{*};2>1^{*}$		$2>1^{***};4>1^{**}$	$4>1^{*};4>3^{*}$

注：* 表明 0.1 水平显著，** 表明 0.05 水平显著，*** 表明 0.01 水平上显著。

由表 6-15 可知，在总体教学效能感方面，"60后"乡村教师的教学效能感最高，显著高于"90后"乡村教师，可能原因是"60后"乡村教师教龄较长、教学经验丰富，其教学效能感相对偏高，而"90后"因工作年限较短，教学经验不足，对自身教学效能感的认知偏低。对三个维度进行分析也发现，教学策略效能感方面的代际差异并不显著，表明乡村教师整体上比较重视教学策略的探索和培养，对于自身课堂教学策略的认可度均比较高，年轻教师也比较有信心。而在课堂管理和学习参与度的效能感方面，"60后"乡村教师显著高于"90后"教师，表明青年教师比较薄弱的环节在于课堂管理和学习参与度方面，而"60后"乡村教师在管理课堂纪律、调动学生积极参与学习方面经验更多，自我认可度和成就感更高。对样本学校校长领导力的代际差异进行方差分析，统计结果见表 6-16。

表 6-16　校长领导力感知的代际差异

分类（样本量）	校长领导力	制定发展愿景	课程教学引领	关注学生学业	营造发展环境
"90后"（386）1	4.13±0.71	4.12±0.82	4.16±0.76	4.09±0.74	4.14±0.74
"80后"（954）2	4.05±0.77	4.08±0.88	4.08±0.80	4.02±0.80	4.03±0.79
"67后"（718）3	3.93±0.87	3.94±0.99	3.96±0.87	3.87±0.89	3.93±0.89
"60后"（370）4	4.0±0.83	4.031±0.90	4.02±0.85	3.97±0.86	3.97±0.87
F 检验	$F=6.32^{***}$	$F=4.48^{***}$	$F=5.84^{***}$	$F=7.45^{***}$	$F=5.86^{***}$
两两比较（LSD）	$1>3^{***}$; $2>3^{***}$	$1>3^{***}$; $2>3^{**}$	$1>3^{***}$; $2>3^{**}$	$1>3^{***}$; $2>3^{***}$	$1>3^{***}$; $2>3^{*}$; $1>4^{**}$

注：* 表明 0.1 水平显著，** 表明 0.05 水平显著，*** 表明 0.01 水平上显著。

由表 6-16 可知，乡村教师对于所在学校校长领导力的评价存在着显著的代际差异，"80后""90后"乡村教师对校长领导力的评价显著高于"67后"，在营造发展环境的维度上，"90后"也显著高于"60后"乡村教师。由此可见，年轻乡村教师对于所在学校校长领导力的评价显著偏高，而中年教师对于校长领导力的评价相对偏低,原因可能在于年轻教师刚踏入工作岗位,对校长有更高的期待和敬畏感,同时校长对其发展的关注度也相对较高,从而提高了年轻教师的认可度。

二、分层回归分析

本部分采用多元线性回归方法,分析校长领导力、教师个体特征、教师科研活动等因素对乡村教师教学效能感的影响。以乡村教师教学效能感作为被解释变量,以影响其教学效能感的相关因素为解释变量,将多组变量纳入模型,构建多元线性模型进行回归分析,统计结果详见表6-17。

表 6-17　校长领导力对教学效能感的回归统计

分类	变量	模型1	模型2	模型3
人口特征	性别	$-0.101(0.03)^{***}$	$-0.105(0.03)^{***}$	$-0.081(0.03)^{***}$
	年龄	$0.003(0.02)$	$-0.013(0.02)$	$0.018(0.02)$
	学历	$-0.039(0.04)$	$-0.052(0.04)$	$-0.021(0.04)$
	职称	$0.067(0.03)^{**}$	$0.057(0.03)^{*}$	$0.037(0.03)$
教研	市级培训		$0.045(0.01)^{***}$	$0.022(0.01)^{***}$
	学区教研		$0.024(0.01)^{**}$	$0.013(0.01)^{*}$
科研	主持课题		$0.060(0.04)$	$0.039(0.03)$
	发表论文		$0.017(0.01)$	$0.023(0.01)$
校长领导力	制定发展愿景			$0.180(0.03)^{***}$
	课程教学引领			$0.160(0.04)^{***}$
	关注学生学业			$0.054(0.05)$
	营造发展环境			$0.037(0.03)$
模型统计量	Cons	$4.057(0.10)^{***}$	$3.787(0.11)^{***}$	$2.072(0.11)^{***}$
	样本量	2428	2428	2428
	R^2	0.007	0.031	0.298
	F	4.27^{***}	9.713^{***}	85.288^{***}

注:*表明 0.1 水平显著,**表明 0.05 水平显著,***表明 0.01 水平上显著。

首先,模型1是把性别、年龄、学历和职称等人口学统计控制变量纳入回归方程,控制变量与教学效能感的多元相关系数 R^2 为 0.007,解释变异量较低,但其多元回归整体检验的 F 值为 4.266,且达到 1‰显著水平。由此可见,男性乡村教师的教学效能感要显著低于女性教师,乡村教师职称与其教学效能感有显著的正向影响关系,即职称越高,其教学效能感越好,表明其在课堂教学、学生管理和调动学生学习积极性方面有更加丰富的经验和认识。

其次,模型 2 是把乡村教师的教研培训和科研成果等工作特征变量纳入回归方程,控制变量与教学效能感的多元相关系数 R^2 为 0.031,解释变异量较低,但其多元回归整体检验的 F 值为 9.713,且达到 1‰显著水平。由此可见,乡村教师的培训、教研活动与教学效能感存在显著的正向影响关系,而其主持课题和发表论文等科研活动对其教学效能感的影响不显著。对于乡村教师来说,参加市级及以上的培训活动和学区层面组织的教研活动,能够显著提升其对教育教学的理念认识和工作能力,进而提高对课堂教学、学生管理等方面的组织能力,其教学效能感也会增强,两者之间呈现显著正相关关系。而对于主持课题和相关论文的发表,虽然是基于乡村教师的教育教学实际而开展,但是课题、论文等科研成果对其教学效能感的影响不显著,可能存在着科研活动与课堂教学相脱节的问题。在实地调研中也了解到,一线教师开展课题研究和论文发表,多数是为了完成职称评定的要求,形式上的内容大于实质性工作,因此对于提升教学效能感的效果不显著。

最后,模型 3 是把校长领导力的 4 个不同维度作为自变量,将乡村教师的教学效能感作为因变量,分别对校长领导力的 4 个维度进行回归分析,自变量与教学效能感的多元相关系数 R^2 为 0.298,解释变异量较高,多元回归整体检验的 F 值为 85.3,且达到 1‰显著水平。结果显示,制定发展愿景、课程教学引领、关注学生学业和营造发展环境的回归系数分别为 0.18***、0.16***、0.05、0.04。由此可见,制定发展愿景和课程教学引领维度的校长领导力对乡村教师教学效能感有显著的正向影响关系,而关注学生学业和营造发展环境维度校长领导力的影响不显著。进一步分析可知,校长制定学校发展愿景对乡村教师教学效能感的影响最大,该结论与高婧等(2016)的研究结论基本一致,即学校教学目标的构建以及管理维度,对教师总体教学效能感和个人教学效能感的影响最大,原因可能在于校长对学校教学目标的构建以及管理更能直接作用于教师教学工作,给教师教学提供方向指引、技术指导和管理支持，从而提升教学质量和教学水平，提高其个人教学效能感。

同时，校长对于课程教学的引领，对乡村教师教学效能感也是显著的正向影响关系，原因也比较明确，即课程教学的引领，将直接作用于乡村教师的课堂教学，直接影响到其教育教学活动的开展，可有效带动其提升课堂教学及学生管理等方面的能力和成绩，从而提高了整体的教学效能感水平。该结论与郑鑫等（2018）的研究结论基本一致，即校长的教学领导行为与教师教学效能感之间存在显著相关关系，校长的教学领导行为能够积极作用于教师三方面的效能感，表明当校长展现出教学领导行为时，教师倾向在教学、管理过程中有更高的教学自信心。

三、总结与讨论

（一）主要结论

第一，描述性统计结果显示，乡村教师对其所在学校校长领导力的整体评价较好，只是对校长领导力中关注学生学业维度的评价相对偏低；同时乡村教师对自我教学效能感的认可度也较高，但是对调动学生学习参与度的认可度相对偏低。由此可见，学生学业、课堂参与度等问题是当前乡村教师工作中的难点问题，这在一定程度上反映出农村学校生源质量偏低、学生学习动力不足、家校合作难以开展、留守儿童较多等问题。

第二，乡村教师在教学效能感和校长领导力评价方面存在着显著的代际差异。在教学效能感变量中，"60后"乡村教师的教学效能感得分最高，并显著高于"90后"乡村教师，尤其是在课堂管理和学生参与度方面，"90后"乡村教师缺乏相关经验。在校长领导力变量中，"80后""90后"乡村教师对校长领导力的评价显著高于"67后"，在营造发展环境的维度上，"90后"也显著高于"60后"乡村教师，表明年轻教师对校长有更高的期待和认可度，而年龄偏大的教师对校长的认可度不高。

第三，通过回归分析发现，校长领导力对乡村教师教学效能感有显著的正向预测效应。其中，制定发展愿景和课程教学引领等变量，对乡村教师教学效能感有显著的正向影响关系，而关注学生学业和营造发展环境变量对其影响不显著。由此可见，校长对学校教学目标的构建以及管理更能直接作用于教师的教学工作，给教师教学提供方向指引，从而提升其个人教学效能感;同时,校长对课程教学的引领,将直接影响到教育教学活动的开展,可有效带动教师提升课堂教学及学生管理等方面的能力和成绩。

（二）政策建议

一是有效提升农村学校校长的教学领导力。研究显示,与校长领导力中的其他因素相比,课程教学领导行为更显著地影响着乡村教师的教学效能感,因此需要采取措施重点提高农村学校校长的教学领导力。一方面,要提高校长对学校总体课程建设、教学目标计划的统筹设计能力,引领乡村教师制定与实施教学计划,确保学校教学目标与教师教学目标相一致;带领教师团队共同推进学校校本课程的开发与建设,塑造适合农村教学实际的课程品牌;另一方面,要加强对乡村教师教学实践的支持与服务工作。农村校长不仅要自己上课,还需要增加听课、评课的频次,尤其是对年轻乡村教师的课程理解、教学策略、学生课堂管理等进行评价与指导。给教师提供更多专业发展机会,不断更新其教育教学理念,提升教师的教育教学水平,促进教师智慧的积累（夏之晨等,2018）。此外,还要加强学校课程教学资源的建设,重点组织形式多样的培训活动,搭建教师学习共同体,全面支持乡村教师提升教学素养,促进个人专业成长。

二是努力营造教与学的良好学校氛围。研究表明,师生关系融洽度、课堂纪律风气、学校组织氛围等因素对教师教学效能感有显著影响,比如农村学生学习基础薄弱、学习动力不足等问题严重制约了乡村教师的教学效能感,所以校长要重视培育教与学的良好学校氛围。第一,要积极培育良好的师生关系与人际网络,比如通过加强班级文化建设等多种形式增进师生关系,营造尊师爱生的和谐文化氛围,提升教师对人际关系和工作环境的满意度（王涵,2019）。第二,要努力培养学生热爱学习的校园氛围,培育学生良好的学习态度与自觉行为。重点要通过校园规章制度建设,促进学生各种不良行为的改进,借助多种形式的评价与激励制度,引导学生养成良好学习行为,这对于提升教师教学效能感有重要作用。第三,为全校的校本教研提供开放、专业的学习环境,以良好的教学文化带动教师效能感的提升。校长要注重学校良好教研氛围的营造,为教师发展提供更多机会,实现对传统教学方式的重要变革,提高教师的教学满足感（陈纯槿,2017）。

三是基于乡村教师代际差异提供多元化支持。研究发现,校长领导力对乡村教师教学效能感的影响存在显著的代际差异,如何基于代际差异特征对乡村教师提供多元化发展支持是一项重要任务。对于"90后"新生代乡村教师来说,要加强对其课堂管理能力和调动学生学习积极性的培训支持,通过师徒结对方式向年轻教师传授相关经验,弥补其在上述方面经验不足的问题;同时,还要加强对"90后"乡村教师教学评价能力的指导,提升其课堂管理经验,增强学生管理的权威性。对于"60后"和"67后"乡村教师,其教育经验丰富,但是对校长领导力的认可度偏低,这就需要实施民主管理,给予他们更加充分的工作自主权,鼓励其不断开展教育教学的试验探索与创新,令其承担更加重要的管理职责,从而增强其工作积极性,提高职业成就感。总之,对不同代际乡村教师的管理策略要体现差异性,避免简单化、一刀切的刚性管理,而应制定多元化的考核评价与激励策略。

第七章 乡村教师的培训支持及影响因素

前面章节的相关研究发现,教师培训对乡村教师流动、职业倦怠及专业发展等方面均有重要影响,加强教师培训是推进乡村教师队伍建设的重要环节,是推进素质教育、促进教育公平、提高教育质量的重要保证。《支持计划》中也明确提出,要全面提升乡村教师能力素质;《关于全面深化新时代教师队伍建设改革的意见》中也提出要开展中小学教师全员培训,促进教师终身学习和专业发展;《教师教育振兴行动计划(2018—2022 年)》中更是提出,要建立健全乡村教师成长发展的支持服务体系,高质量开展乡村教师全员培训。基于此,本部分专门分析乡村教师的培训现状,用实证数据进行更加系统的分析,尤其是判断培训成效及其制约因素,为政策完善提供决策依据。

第一节 乡村教师培训的总体现状

前面章节初步对乡村教师培训情况进行了简要分析,主要阐述了培训机会不足、培训质量不高等问题,本部分使用更加充足的数据对乡村教师培训情况进行专题分析,更加全面地分析乡村教师培训的现状、经验及成效。

一、不同群体间培训机会不均衡

依据相关调查数据对当前我国乡村教师培训情况进行分析。其中,在该调查中专门设置了教师培训次数的问题,调查结果显示不同群体间培训机会差距较大。

首先,对样本省份乡村教师的培训次数进行统计分析可知,区域之间教师培训次数存在一定差距,东部地区教师培训次数相对偏多,西部地区的培训次数相对偏少,地区间培训机会不均衡问题比较明显。研究结论与罗儒国(2011)的调查研究相近,即城乡教师参加校外培训情况有差异,东南地区、中部地区、西北地区培训机会不均衡,26.9%的中部地区教师反映从未参加过校外培训,远高于东南地区的 5.3%和西北地区的 9.2%;7.9%的城镇教师和 31.8%的农村教师从未参加过校外培训。

其次,对不同类型学校乡村教师参加培训的次数进行统计分析。按照教学点、村小、乡镇中心校等三类学校比较不同类型学校教师参加培训的次数差异。因为教师参加培训机会不仅受到学校主观重视程度的影响,也受到不同类型学校师资配置的客观因素影响。

不同类型学校教师参加的培训次数存在显著差异,F 统计检验显示在 0.01 水平上显著。其中,乡镇中心校教师参加培训的次数最多,显著高于教学点和村小教师。原因可能在于小规模学校教师配置不足,师生比虽然较低,但是每个教师的课时数都比较高,多数是全科教师,导致学校不能协调时间支持教师参加培训。这与陈向明等(2013)对全国 11 个省份的调查结果相近,即中西部农村贫困地区教师的培训机会明显少于城镇教师,同时培训学员大多数来自各级重点中小学和部分完中,乡镇以下学校的教师参与省级培训的机会比较有限。

最后,按照不同学段进行分类,对不同层次学校教师参加培训的次数进行比较。统计结果显示,不同层次学校教师参加培训的次数存在着显著差异,F 统计检验显示在 0.05 水平上显著。仅从培训次数的均值比较而言,学校层次越高,其教师参加培训次数也相对越多,即九年一贯制和高中阶段教师参加培训的次数相对偏多。从 F 统计检验看,小学教师参加的培训次数显著低于九年一贯制学校,原因可能在于九年一贯制学校的师资结构、管理部门都比较完整,而小学也存在着不少教学点等小规模学校,所以在培训机会上存在显著差异。以下简要呈现在我们云南调研中的访谈记录。

> 小学语文张老师:在当前多数农村学校中,农村教师普遍缺乏培训机会,很多教师自任职以来就没有接受过县级以上的培训;在县内组织的培训中,很多教师一年中最多参加一次。乡镇中心校基本不组织相关教学研讨活动,也很少有专门的培训活动,只有靠学校自己组织一些教学交流活动,但是限于教师水平相当,没有太多价值。外出参加培训机会少,原因可能与培训动力不高也有关

系,因为学校没有空余教师,教师外出参加培训后耽误很多课程,回来后需要补上课程;同时也是因为报销程序烦琐,需要自己提前垫付等问题。

同时,据部分教师反映,教师在职称晋升和年度考核等方面,都需要有相应的继续教育学时,比如每年 72 学时的规定,然而由于部分教师外出培训机会少,导致继续教育学时不足,只好通过购买论文换取学时等方式来完成继续教育培训要求。由此看出,一方面,教师外出参加培训的机会相对较少,地方教育行政部门提供的培训供给服务不能满足教师学习需求;另一方面,教师缺乏参与培训的时间和精力,多数乡村学校教师编制匮乏,基本上1 个教师带 1 个班级,教师工作量过大。此外,当前乡村学校教师队伍的专业化水平较低,专业能力和教学素养有待提高,一些学校的教师利用信息化手段教学的能力不强,教学资源不足。

二、培训内容与形式仍有待改进

首先,梳理当前关于教师培训的研究文献可知,培训内容与教师参加培训需求不匹配问题仍然不同程度存在。比如唐如前(2007)调查发现,72％的中学教师认为现行继续教育课程设置理论性强而实践性较弱,不能满足中学教师的实际工作需求。薛海平等(2012)调查发现,当前我国中小学教师培训不重视培训需求分析,内容脱离教师专业发展和教学实践的需要。基于上述文献可知,当前教师培训以邀请专家参与为主,专家培训内容的理论性比较强,虽然有很好的前沿性、引领性,但是普遍缺少对教师实践需求的分析,或者说培训内容缺乏较好的针对性,难以发挥较好的应用价值。一方面是因为缺乏对教师参加培训的需求的调研分析;另一方面在于专家选择的不匹配性,即有些专家并非来自一线教学实践,自己没有授课经验,尽管知道教师的培训需求,但是却难以提供有针对性的培训。

其次,已有教师培训体系与乡村教师的特殊需求仍有脱节。同样的教师培训内容,可能对城镇教师来说具有较好的借鉴性,对其教育教学工作也有很好指导价值,但是对乡村教师来说可能并不适用,原因在于乡村教师的工作环境有其特殊性。农村学生的学习基础相对薄弱,学习态度、学习策略等方面相对偏弱,尤其是农村家长与城镇家长的教育观念有很大差别,甚至很多农村学生是留守儿童。我们在西部的农村学校调研时发现：多数学生虽能清楚地描述出上课内容，对课程主题能有比较扎实的认识，但是很多学生只记得知识内容的主题，而在沟通交流、自尊心等方面严重不足。深入分析发现，农村孩子的语言表达能力相对较弱，在知识储备、沟通表达和体验描述等方面相对落后，难以适应课程教学中创新表达能力的教学要求。由此可见，城乡学生素质和家长教育方式的差异，导致了乡村教师的教学方式与城镇有很大不同，在教学素材选取、教学组织形式及课后作业布置、家校合作等方面均有很大不同，因此针对乡村教师的培训应该有其特殊性。比如漆国生等（2011）调查显示，无论是否为骨干教师，农村中学教师最需要的培训内容，首先是教育教学的科研方法，其次是教学技能的提高。

最后，在培训形式方面呈现出多元化需求，不同年龄、不同学科、不同职称的教师群体对培训形式的需求有很大差异。对于乡村教师来说，限于特殊的地理位置、学校师资有限性等条件，其对培训形式的需求更具特殊性。比如薛海平等（2012）的调查发现，当前我国教师培训方法以传统的集中讲授和听课评课为主，然而采用大班讲授方式很难满足教师对教学实际操作的需求，不能充分调动教师的积极性。在调研中也发现，乡村教师普遍认为远程研修的帮助并不大、内容不太适用，而年龄偏大教师通常需要年轻老师协助才能完成操作；同时也有教师认为要加强通识性培训，目前培训时间较短，难以弥补乡村教师知识储备不足的问题，并且需要一定的制度保障。此外，罗儒国等（2011）调查发现，中小学教师希望有机会脱产学习和进修，希望培训形式有外出考察和拓展训练、小组交流和合作学习，以及教学观摩、案例分析和研讨交流等。总之，与城镇教师相比，未来乡村教师的培训形式需要更加灵活、多元，以便适应乡村学校特殊的工作条件，同时要结合农村教育教学的特征和生源状况，提高培训的针对性，从而确保培训的实效性。

三、乡村教师的多元化培训需求

调研发现，多数乡村教师都有强烈的学习需求，都有追求专业发展的动力与目标。我们在对乡村教师从教意愿的调查中也发现，他们选择当教师更多是因为内在驱动力，比如喜欢跟孩子在一起、认为教师职业很重要等，而不是功利性的外部动力驱动。详见图7-1。

由此可见，乡村教师专业发展的内在驱动力比较强，需要给予相应的培

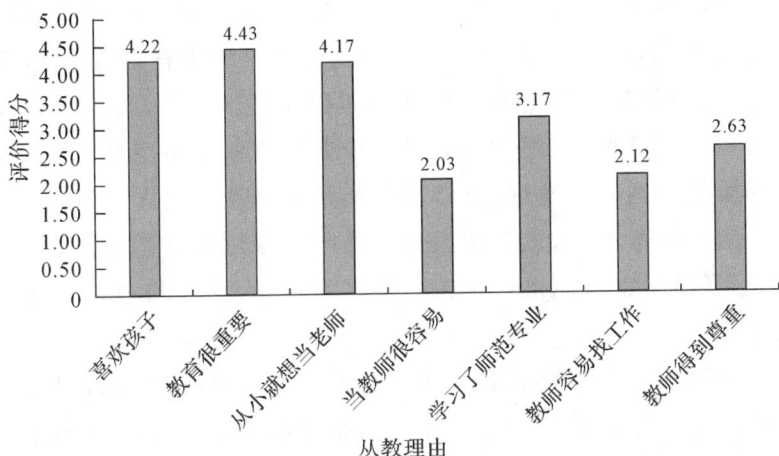

图 7-1 乡村教师从教原因的分类统计

训支持,以便充分回应教师的发展诉求,我们专门调研了当前乡村教师培训的真实需求,简要整理如下。

第一,心理健康教育的培训需求。我们在云南、贵州的调研中发现,农村学校的留守儿童问题比较突出,也普遍存在心理健康相关问题,乡村教师在对学生进行心理健康教育时缺少方法和技巧,不利于保障学生的身心健康成长。根据杨光等(2011)调查农村教师需要的培训内容发现,前三位是学科专业技能、学科专业知识、心理健康教育,但从培训现状看,心理健康教育的培训尚未纳入教师培训的通识课程中。此外,在调研学校中发现,有个班级至少有 1/3 的学困生,这些都是心智正常、身体健康的学生,主要是缺乏学习动力。有些学生甚至考 20 分以下,也有些学生在五年级还不会乘法口诀,有些学生则是怎么教都不会,这给教师教学工作带来较大负担。据教师反映这些学生家庭教育缺失,父母都不在身边,爷爷奶奶也没有办法管教,导致这些孩子基本放弃了学习的念头。也有教师表示,家长越重视、跟老师沟通越多,同时给孩子买较多辅导书、课外书,这样的孩子学习成绩往往越好,即家长对孩子学习的重视正向影响孩子的学习成绩。

第二,阅读教学方法的培训需求。调研中发现,当前农村学生的阅读量普遍偏少,主要是提供可阅读的图书相对较少,适合孩子阅读、孩子喜欢的课外读物不足。语文教师普遍反映需要配备课外读物、童话故事等图书,以激发孩子阅读的兴趣。当然,问题的原因也不仅在图书配备方面,也与乡村教师缺乏培养学生阅读习惯的能力有关,应增加对乡村语文教师阅读教学方法的培训,从而提升阅读教学效果,培养学生良好阅读习惯。同时,学校在图书分类管理方面也有待培训和提高。此外,当前农村孩子的受教育期望普遍偏低,缺乏学习动力,可能也是源于学生读书太少,找不到读书的乐趣。调研中发现,虽然多数孩子都表示想上大学,但是90%的孩子都认为自己考不上,也有认为自己受限于家庭经济约束,上大学的可能性不大,当然学生可能也会存在一些错误观念,比如初中生向往外出打工的风气等。

第三,科学课程教学的培训需求。在调研中发现,科学课程是每一所学校都需要开设的课程,因为科学课程是需要参加考试的科目,其被主课占用的情况比较少,所以学校普遍重视科学课的教学工作。但在实际调研中发现,一是科学课教学照本宣科,教师教学方式以应试教育为主,主要是让学生背诵知识点,只为达到考试成绩要求;二是科学课教师通常是由转岗教师担任,属于学校中教学水平较为薄弱的教师,其教学理念落后,知识储备相对不足,急需给予相应的培训和指导;三是科学课中学生动手操作的机会偏少,多数是教师简单演示,学生缺乏对科学知识的探究过程,影响了对科学课的学习兴趣。

第四,在线远程培训模式的需求。目前乡村教师的培训形式主要是以集中培训为主,虽然现场培训效果较好,但也存在一些问题,比如培训成本较大,乡村教师要从农村坐车到城镇,有些时候还需要在当地住宿;时间成本也较大,培训时间较短来不及消化吸收,回学校上课的效果也受到影响。因此,未来探索在线远程培训模式也有较大的价值,有助于增加培训次数,降低培训成本。比如青椒计划项目的双师教学方式,把人大附中的课程通过互联网直接投入到乡村学校课堂上,这种模式目前在全国将近二十个省两百个乡村学校进行实验,从学生角度来说效果不错,经过反复研究之后发现这种方式受益最大的不仅仅是学生,教师受益更大。此外,还可以把当前现场培训的过程录制成视频,刻录成光盘,供乡村教师回到学校后继续理解和复习;也可以将培训课程设计为视频教学课件,供乡村教师在后期教学实践中反复学习和理解,从而提高教学效果。

总体来看,乡村教师的培训需求相对多元,比如邹联克(2012)调查发现,超过一半的参训教师在新课程、师德教育、新理念、信息技术和学科教育方面有学习的需求,还提到了班主任工作、学校发展、教学技能、简笔画等方面的学习需求,这在一定程度上反映了教师在学习需求方面的多元化特征。

第二节　乡村教师培训的典型案例

一、乡村教师培训的区域案例

江苏省于 2016 年提出实施"乡村骨干教师培育站"制度。该培育站旨在改变过去集中办班的教师培训方式,实行立足乡村、按需建站、分类施训、培育骨干的工作模式。计划每年设立 80 个市级和 133 个县级"乡村骨干教师培育站",每年预计培训 6000 人,包括 2000 名市级骨干后备人选和 4000 名县级骨干后备人选,五年共计培训 3 万人,从而实现以一批本土化乡村骨干教师带动全省 27 万乡村教师专业发展的目标。在经费保障方面,江苏省教育厅按照市级站每年 10 万元、县级站每年 7.5 万元标准划拨工作经费。培育站的运行模式是依托"名、优、特"教师组建导师组,开展符合学员发展需求的主题式研修活动,培养市县级的乡村骨干教师;培育站学员发挥基于自身岗位的引领作用,带动学校全体教师提升教育教学能力,搭建学习共同体。

第一,培训主题如何确定。从名师成长的规律和事实来看,"喂养"式的集中培训是培养不出名师的,需要基于教师内在的追求、研究的需要和个人发展的渴望,而培训主题的确定要以学员实际需求为主,分学科、分学段确定。对于教师人数较少的学科,可组建跨学科的培育站,也可依据地理位置相近原则进行协调,跨县区组建同一学科的培育站。比如针对培训学员对校本课程开发与实施体验不多、对区域乡土文化了解不够等问题,培育站围绕乡土文化搜集整理与美术校本课程开发实施两块内容,以鲜活的课程开发案例"解剖麻雀",强化学员的主体意识、参与意识和团队意识(李大林等,2019)。

第二,导师如何遴选。对于培育站的运行来说,关键是为有发展前途、有潜力的乡村教师选择"好导师""好师傅",从而有效发挥引领和指导作用,所以培育站导师通常是由特级教师、教研员、学科带头人、高校专家等担任。

根据每个培育站的主题成立导师组,每个培育站由3名导师构成导师组,其中1人为主持人。其中市级培育站导师组原则上由特级教师(正高级教师)、大市学科教研员和高校(省级科研机构)专家组成;县级培育站导师组原则上由特级教师(正高级教师)、大市学科带头人和县级学科教研员组成,鼓励跨地区共享教育资源。乡村教师工作之地位置偏僻,外出学习、参与较高层面学术交流与展示的机会较少。因此对他们的培训既要脚踏实地,着眼于解决当下教学中存在的问题,还要注重引领,引进先进的技术、理念与经验等(渠东剑,2017)。

第三,如何组织实施。学员均是通过乡村学校推荐选拔,以县级中青年骨干教师为主,每个培育站大约25~30名教师。同时各培育站均设立若干研修小组,明确研修分工,鼓励学员对话、研讨和交锋,形成小组间的合作竞争,激励学员"自我生长"。通常每期培训周期为一年,集中研修不少于30天。主要采用跨年度、递进式、混合式的培训方式,以研修共同体的形式推进;明确学习任务,要求学员通过一年的学习,发挥骨干作用,展示学习成果。由导师组对学员实施中期考核,对没有达到考核要求的学员进行淘汰。各市负责本市乡村骨干教师培育站的终期考核,将终期考核优秀的学员列入市级学科教学带头人、县级骨干教师评选的优先人选。

二、乡村教师培训的学校案例

本部分介绍的学校案例是浙江丽水的长坑小学,该学校并没有形成系统的教师培训模式,但是学校为教师自主学习、教学研究、课程开发等提供了充足的支持和保障,促进了教师的自我研修和专业发展,实现了比外部专家培训还好的实践效果,可以称为校内自主研修模式。长坑小学的特色是艺术教育特色,虽然学校没有专业音乐老师,但几乎每个孩子都会演奏一种乐器,其根本在于教师们不断创新教育方法,边教边学二胡、笛子、扬琴、琵琶、唢呐……为学生提供个性多元的艺术教育选修课程,从精神上给这些寄宿孩子"加油"。培养了农村孩子健康向上的生活情趣。

首先,以优良校风激发教师的自主发展动力。学校的校训为"自强不息",体现出学校以不甘落后、不畏艰难、自强不息的精神为支柱,二十年如一日以校风育人,真正地把平凡的教育事业做精、做细、做实、做活。正如长坑小学樊校长所说,要让学校发展,艰苦奋斗的精神不能丢,而且也没有其他捷径,根本出路是苦干加巧干。在这种艰苦奋斗的学校氛围中,教师们不再等靠要,而是主动作为,有效激发了教师自我成长的内在动力。比如全校师生都会吹笛子,而很多教师都是自学,课堂教学策略也是在不断摸索、积累中完善,确保了教学质量。

其次,以校本课程建设提升教师专业素养。在积极落实国家基础课程的基础上,长坑小学充分挖掘特色,共设置了 26 门"玩"的课程,一个"人人会生活、人人会阅读、人人会吹笛、人人会跳绳、人人会下棋、人人会劳动"、德智体美劳"五育"并举的新型乡村综合教育格局初具雏形。长坑小学设计了丰富多样的艺术课程与社团,以文化吸引孩子,以艺术熏陶孩子。通过校内教师和民间专业人士共同教学辅导,将传统文化与乡村主题教育相结合,使孩子们真正懂得爱家乡、爱学校、爱自己。在校本课程建设过程中,老师们的教材解读意识、课程开发能力及课堂教学素养都得到了很好的锻炼,积累了丰富的实践经验,在行动研究中实现了专业成长。

最后,以师德建设为根本、提高教师职业素养。长坑小学积极加强校园德育环境建设,努力创设清净和谐的工作、学习环境,也在一定程度上增强了教师的积极工作状态。学校重视建设一支坚强有力的班主任队伍和全员抓德育的思想工作队伍。因为一个教师的"师德",直接关系到学校校风、教师精神面貌及学生良好道德品质的形成。学校坚持"师资大计,师德为本"的理念,努力使全校教师不断转变观念,树立正确的世界观、人生观和价值观,形成热爱学生、敬业爱岗、精益求精、乐于奉献的新气象、新氛围(周来杰,2016)。

基于上述经验分析可知,农村学校需要积极建构自主研修的教师培训模式。乡村教师自主研修模式与传统教师培训模式不同,旨在构建乡村教师自我培养、存量提升的内在机制,通过增强乡村教师职业认同、乡村教师资源整合与素质提升、激发教师乡村情怀等措施,实现乡村教师"留得住、教得好"。乡村教师自主研修模式,旨在探索影响乡村教师发展动力的关键因素,为系统设计乡村教师队伍自主发展的路径机制提供信息支撑。

三、乡村教师培训的个体案例

为促进城乡教育均衡发展,很多地区采取了教师轮岗交流学习制度,即让城镇教师到农村学校支教,让农村教师到县城挂职学习,该制度在一定程度上起到了促进均衡发展作用,但是城乡教师资源不均衡问题仍然较为突出,其中县城教师到农村支教的效果并不够理想。我们专门就该问题进行过访谈,乡村教师普遍认为县城教师支教时并没有融入农村课堂教学中,时间太短也不利于发挥带动作用,而乡村教师到县城学校挂职,个人成长和收获比较大。

访谈:山东青岛张家楼小学张老师

2018 年 12 月 18 日

第一,目前的培训内容难以达到教师的实际需求。尤其是对中青年骨干教师而言,培训内容与需求不一致问题比较突出。因为我有很多年的教学经验,我个人很清楚地知道哪些培训是真实、有用的。

第二,到县城小学挂职经历收获很大。最珍贵的是到黄岛区实验小学挂职的两年,在这两年当中,无论是教学还是班级管理能力都突飞猛进。当时去的时候比较年轻,30 岁左右,正好是学习需求比较旺盛的时候,也有一定的经验,目标比较明确。去了之后,无论是业务上还是教学上都有很大的进步,因为教师所在的环境对自身成长很重要。我感觉很幸运,在当时的教研组中,教研组每次出胶南市、黄岛区或青岛市的公开课,都会在很大范围内组织研讨,老师们进行反复的打磨,除了语文课,其也包括班会课、品德课等,如何打磨这堂课自己一开始也不会,跟着他们去学,深度参与,这本身就是一个很好的学习过程。可以说,作为教研组的一个教师、班主任,直接参与其中,融入整个团队中,实现了个人的快速成长。

第三,县城支教教师的影响作用有限。目前学校教师到县城学校挂职的机会比较少,只能以个别会议研讨的形式进行,时间比较短,效果相对有限。而城里教师下来支教的情况比较多,但是下来支教的老师很多是为了评职称的,难以全面融入学校,往往是上完一两节课就走人。对比来看,还是乡村教师去挂职的效果比较好,尤其是 30 岁左右的教师出去锻炼价值比较大,因为 30 岁左右的教师会有一定的实践基础,可以带着教育教学中的问题有意识地进行学习。

由此可见,组织乡村教师到县城学校挂职的实践性学习有较大价值,尤其是时间偏长一点的顶岗实践,可以深入地学习先进学校的典型经验,掌握好的教学方法,使乡村教师的综合素质和教学业务水平进一步提高,改善乡村教师闭关自守、井底之蛙的定式思维。对于县城学校来说,要为乡村教师的专业发展提供必要的指导和帮助,校内指导教师应率先垂范,尽可能多地与乡村教师交流,为其提供学习的机会。此外,指导老师在及时进行指导的同时,更要重视挂职期间对他们的心理辅导,关注他们心理发展状况并给予适当关怀和激励(李新等,2017)。

第三节 培训对乡村教师专业素质的影响

使用相关调查数据,对当前乡村教师专业培训情况进行分析,重点关注乡村教师的教学创新与反思行为,这是影响教师专业发展的重要能力要素,同时也关注乡村教师的 TPCK 信息素养能力,因为这也代表着未来课堂教学改革的重要方向。

一、培训对教学创新与反思的影响

(一)乡村教师教学创新与反思行为的现状

首先对乡村教师教学创新与反思行为进行人口学变量分析,从性别、城乡、学历和年龄等维度进行差异性统计检验,判断不同群体的教学能力差异,统计结果详见表 7-1。

表 7-1 教学创新与反思行为的人口学差异

分类		教学创新行为	教学反思行为	整体专业学习
性别	男(339)	15.15 ± 3.27	19.14 ± 3.82	60.83 ± 11.2
	女(512)	15.94 ± 2.92	20.11 ± 3.16	63.5 ± 9.52
	t 检验	$T=3.7^{***}$	$T=4.01^{***}$	$T=3.74^{***}$

续表

分类		教学创新行为	教学反思行为	整体专业学习
年龄	＜29(157)1	16.01±3.06	19.68±3.32	63.19±9.9
	29—39(378)2	15.81±2.99	19.82±3.44	62.66±10.2
	40—50(181)3	15.67±2.96	19.85±3.62	62.67±10.5
	＞50 岁(127)4	14.57±3.47	19.38±3.59	60.63±10.99
F 检验		$F=6.25^{***}$;4＜3**; 4＜2***;4＜1***	$F=0.58$	$F=1.67$

注:*表明 0.1 水平显著,**表明 0.05 水平显著,***表明 0.01 水平上显著。由于调查结果中有些教师的个别信息为缺失值,所以在统计性别、职称或年龄时存在总样本量略有差异的情况。

分析表 7-1 可知,按照性别看,不同性别教师的教学创新与反思行为存在显著差异。在教学创新、教学反思行为和整体专业学习维度中,女性教师均显著高于男性教师,表明乡村学校中女性教师在教学专业能力上要显著优于男性教师,这也与当前中小学教师队伍中女性教师居多的现状有关。按照年龄阶段划分看,在教学反思行为和整体专业学习方面,不同年龄段教师的差异并不显著,而在教学创新行为方面存在显著差异。其中,在教学创新方面,50 岁以上教师的创新行为相对偏弱,显著低于年轻教师,可能原因在于年龄偏大教师的职业倦怠感增加,创新与改革的意识相对减弱,因此其创新行为得分相对偏低。此外,我们对不同类型学校教师的教学创新与反思行为进行比较分析,结果详见表 7-2。

表 7-2　不同类型学校教师的教学能力差异

分类	小规模学校(1)	乡镇学校(2)	县城学校(3)	F 值
反思能力	19.84±4.07	20.09±2.89	19.76±2.07	$F=4.85^{***}$; 1＜2*/2＞3**
教学创新能力	15.79±3.55	16.86±2.05	15.35±1.92	$F=145.5^{***}$; 1＜2***/1＞3***/2＞3***
整体专业学习	63.22±12.05	65.8±7.95	62.39±6.32	$F=60.78^{***}$; 1＜2***/2＞3***

注:*表明 0.1 水平显著,**表明 0.05 水平显著,***表明 0.01 水平上显著。

总体来看,与乡镇学校教师相比,小规模学校教师专业学习能力相对更弱。分维度看,在教学反思行为表现上,三类学校教师间存在显著差异,且通过 1‰显著性水平检验。其中,乡镇学校教师教学反思能力最高,小规模学校和县城学校教师差异不显著。在教学创新行为表现上，乡镇学校、小规模学校和县城学校教师间存在显著差异，且通过1‰显著性水平检验。其中，乡镇学校教师教学创新能力最高，其次是小规模学校，而县城学校教师的创新能力最低，原因可能在于工作环境的约束和教师自主权的差异。

在整体专业学习表现上，乡镇学校教师得分均值在1‰显著性水平上高于小规模学校和县城学校，后两者得分均值不存在显著差异，效应量计算统计量显示小规模学校和乡镇学校教师得分均值相差约−0.28个标准差。

综合分析上述数据可知，三类学校教师的专业学习能力普遍位于中等以上水平，镇中心校教师的专业学习能力显著区别且高于小规模学校和县城学校，县城学校教师专业能力分布更为集中，小规模学校教师整体专业学习能力与县城学校不存在显著差异，但在不同维度上仍有差异。

（二）培训对教师教学创新、反思行为的影响

我们主要关注培训支持、个体特征、工作特征对乡村教师教学创新与反思行为的影响，以乡村教师教学反思与创新行为作为被解释变量，以培训支持因素作为主要解释变量。主要使用多元线性回归模型，将多组变量纳入模型，对样本教师进行多元线性回归分析，统计结果见表7-3。

表 7-3　培训对教师教学创新、反思行为影响的回归分析

分类	变量	教学创新行为(1)	教学反思行为(2)	整体专业学习(3)
人口特征	性别	−0.86(0.24)***	−1.28(0.27)***	−3.35(0.81)***
	年龄	−0.04(0.02)**	0.01(0.02)	−0.05(0.06)
	学历	−0.11(0.14)	−0.16(0.16)	−0.30(0.46)
	职称	0.39(0.20)**	0.34(0.22)	1.02(0.67)
工作特征	日工作时间	0.10(0.05)**	0.03(0.05)	0.18(0.16)
	课时量	0.01(0.01)	0.01(0.02)	0.04(0.05)
	住校天数	0.13(0.05)**	0.17(0.06)***	0.49(0.18)***
	获得荣誉	−0.12(0.08)	−0.12(0.09)	−0.12(0.09)
培训因素	培训次数	0.11(0.08)	0.14(0.09)*	0.51(0.26)**
	县级培训	−0.10(0.15)	−0.22(0.16)	−0.58(0.49)
	教学培训	0.14(0.16)	0.08(0.18)	0.10(0.53)

续表

分类	变量	教学创新行为(1)	教学反思行为(2)	整体专业学习(3)
模型统计量	Cons	15.84(0.85)***	19.15(0.96)***	61.41(2.85)***
	R^2(N)	0.04(827)	0.03(827)	0.03(827)
	F	4.31***	3.50***	3.50***

注:* 表明 0.1 水平显著,** 表明 0.05 水平显著,*** 表明 0.01 水平上显著。

首先,分析回归模型 1 可知,乡村教师教学创新行为的影响因素,主要以个体特征和工作特征为主,培训因素对其影响不显著。三个培训相关变量对乡村教师的教学创新行为影响都不显著,原因可能在于创新行为的产生受到很多其他因素影响,简单的培训可能不会影响到其创新能力,或者说创新能力的形成不是通过培训而完成的。在人口学变量方面,性别、年龄和职称都与其有显著相关关系。结果显示,男性教师的教学创新行为显著低于女性教师;年龄越大的乡村教师,其教学创新行为越弱,因为年轻教师的创新性、思维活跃度都显著偏高,其创新行为应该越高。职称越高的乡村教师,教学创新行为越高,因为职称水平代表着一定的专业素养和教学能力,所以教学能力越高的乡村教师,其创新行为可能会越高。在工作特征变量方面,工作时间和住校天数越长,其教学创新行为越高,由此可见,教学创新也离不开乡村教师的辛勤付出,需要一定的时间保障。

其次,分析回归模型 2 可知,乡村教师教学反思行为受到多个变量的影响。在人口学特征变量中,男性教师的教学反思行为显著低于女性教师,原因可能是中小学教师中女性教师占比较多,教学能力、专业素养能力相对偏高。在工作特征变量方面,住校天数越多,乡村教师的教学反思能力越高,原因可能在于教学反思行为也需要一定时间保障,住校教师可能会利用晚上时间进行相应的教学反思并推进教学改进。在培训因素方面,培训次数对乡村教师的教学反思行为有一定影响,且在 0.1 统计水平上显著。由此表明,培训在一定程度上能提高乡村教师的教学反思意识、方法与能力,所以培训次数越多其教学反思能力越高。

最后,分析回归模型 3 可知,乡村教师专业学习的影响因素也来自多个方面,培训因素能够发挥一定影响作用。结果显示,培训变量中的培训次数对乡村教师专业学习有显著的正向影响,且在 0.05 统计水平上显著,即培训次数越多,其在课堂教学、教育科研及课程管理等方面得到的指导越多,因此其专业学习也会有相应提高。在个体特征方面,男性教师的专业学习能力也显著低于女性教师,与模型 2 的解释比较一致。在工作特征变量方面,住校天数越多,乡村教师的专业学习能力也越高,而工作时间、课时数量等变量对其影响不显著,可能原因是住校教师会有更多的专业学习时间,也可能是住校教师在工作投入、专业发展积极性等方面会相对偏高,所以其专业学习能力可能会更高。

二、培训对 TPCK 信息素养的影响

(一)乡村教师 TPCK 信息素养能力的现状

关于教师 TPCK 信息素养能力的测量,本部分主要使用了王辞晓等(2017)关于教师 TPCK 能力的量表。教师信息技术应用能力 TPCK 框架,主要包含三个核心要素,即学科内容知识、教学法知识和技术知识;四个复合要素,即学科教学知识、整合技术的学科内容知识、整合技术的教学法知识、整合技术的学科教学知识。对乡村教师 TPCK 信息技术素养进行人口学变量分析,从性别、城乡、学历和年龄等维度进行差异检验,判断不同群体的 TPCK 信息技术素养差异,统计结果详见表 7-4。

表 7-4　教师 TPCK 信息素养的人口学差异

	分类	TPCK	TK	CK	PK
性别	男(339)	25.88 ± 6.45	17.16 ± 4.95	9.96 ± 2.54	10.27 ± 2.38
	女(512)	26.17 ± 5.79	16.24 ± 4.33	9.86 ± 2.37	10.34 ± 2.38
	t 检验	-0.67	2.86^{***}	0.60	-0.42
职称	初级 1(125)	25.94 ± 5.4	18.02 ± 4.32	10.06 ± 2.32	10.25 ± 2.36
	中级 2(367)	25.8 ± 6.25	16.24 ± 4.73	9.68 ± 2.52	10.17 ± 2.48
	高级 3(365)	26.29 ± 6.01	16.51 ± 4.49	10.07 ± 2.39	10.46 ± 2.28
	F 检验	$F=0.62$	$F=7.26^{***}$ 2 $<1^{***}$;3$<1^{***}$	$F=2.6^{*}$ $2<3^{*}$	$F=1.39$
年龄	<29(157)1	26.29 ± 5.42	18.03 ± 4.19	9.9 ± 2.32	10.23 ± 2.29
	$29-39$(378)2	26.39 ± 6.11	16.84 ± 4.64	9.87 ± 2.45	10.23 ± 2.42
	$40-50$(181)3	25.84 ± 6.07	15.66 ± 4.44	9.94 ± 2.42	10.48 ± 2.22
	>50 岁(127)4	24.86 ± 6.46	15.74 ± 4.81	9.82 ± 2.61	10.29 ± 2.62

续表

分类	TPCK	TK	CK	PK
F 检验	$F=2.2^*$；$2>4^*$	$F=9.6^{***}$ $2<1^{**}$；$3<1^{***}$ $3<2^{**}$；$4<1^{***}$	$F=0.06$	$F=0.49$

注：* 表明 0.1 水平显著，** 表明 0.05 水平显著，*** 表明 0.01 水平上显著。由于调查结果中有些教师的个别信息为缺失值，所以在统计性别、职称或年龄时存在总样本量略有差异的情况。

分析表 7-4 可知，按照性别看，整体上不同性别教师的 TPCK 信息技术素养差异不显著，仅在技术知识（TK）上男性教师显著高于女性教师，即男性教师掌握教育信息技术方面的能力比女性教师要高，与实际预期比较一致。按照职称水平看，不同职称教师在整体 TPCK 信息技术素养上差异并不显著，而在 TK、CK 方面差异显著。就技术知识（TK）而言，初级教师的技术知识水平显著高于中级和高级职称教师，可能原因在于初级职称多数为刚毕业大学生，信息技术的水平相对较好。就内容知识（CK）而言，高级职称教师显著高于中级职称，也是因为高级职称教师的教学能力和专业水平相对较高，所以其对内容知识掌握程度要高。

按照年龄层次看，总体上 TPCK 信息技术素养呈现出年龄越大、水平越低的情况，即年轻教师的信息技术素养显著高于年龄偏大教师，尤其是在技术知识（TK）方面，29 岁以下教师的得分最高，显著高于其他年龄段教师。此外，本研究对不同类型学校教师的 TPCK 信息技术能力进行比较分析，整理 TPCK 信息技术能力得分的整体分布，详见图 7-2。

由图 7-2 可知，小规模学校和县城学校教师的 TPCK 信息技术应用能力拥有明显的双峰分布特征，前者右峰相对后者更加突出，且前者比后者具有更显著的左偏特征，这些特征使得前者的平均值显著大于后者，验证了前面小规模学校教师 TPCK 信息技术应用能力显著高于县城教师的结论。与县城教师相比，乡镇教师 TPCK 信息技术应用能力核密度图双峰特征不明显，但具有明显的左偏特征，这些特征使得后者的平均值显著大于前者，进一步验证了乡镇教师信息技术应用能力高于县城学校的结论。

（二）培训对教师 TPCK 信息素养能力的影响

本研究主要关注培训支持、个体特征、工作特征对乡村教师 TPCK 信息素养能力的影响，以乡村教师 TPCK 信息素养作为被解释变量，以培训

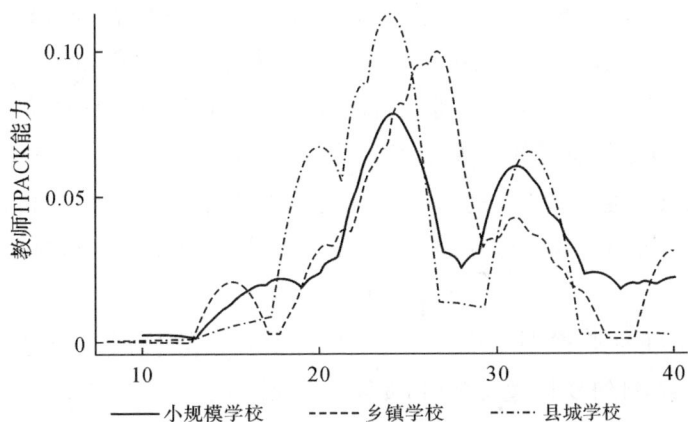

图 7-2　教师 TPCK 能力分布与组间对比

支持因素作为主要解释变量。本研究将多组变量纳入模型,构建多元线性模型,对样本教师进行多元线性回归分析,统计结果见表 7-5。

表 7-5　乡村教师 TPCK 能力影响因素的回归分析

分类	变量	模型 1	模型 2	模型 3
人口学特征	性别	−0.26(0.45)	−0.60(0.47)	−0.63(0.48)
	年龄	−0.10(0.04)***	−0.09(0.04)**	−0.09(0.04)**
	学历	0.18(0.26)	0.14(0.27)	0.15(0.27)
	职称	0.99(0.37)***	0.99(0.39)**	0.93(0.39)**
工作特征	日工作时间	—	0.20(0.10)**	0.19(0.09)**
	课时量	—	0.02(0.03)	0.02(0.03)
	住校天数	—	0.17(0.10)*	0.19(0.10)*
	获得荣誉	—	−0.17(0.16)	−0.13(0.16)
培训因素	培训次数	—	—	0.30(0.15)**
	县级培训	—	—	−0.15(0.28)
	信息培训	—	—	0.66(0.33)**
模型统计量	Cons	26.99(0.91)***	25.22(1.62)***	24.78(1.68)***
	R^2(N)	0.01(843)	0.02(827)	0.02(827)
	F	2.69**	2.90***	2.70***

注:*表明 0.1 水平显著,**表明 0.05 水平显著,***表明 0.01 水平上显著。

首先,分析回归模型 1 可知,人口特征变量与乡村教师 TPCK 信息素养有显著相关关系。结果显示,年龄变量与其有显著的负相关关系,即乡村教师年龄越大,其 TPCK 信息素养水平越低,与前面描述性研究结论一致,因为年轻教师在信息技术掌握程度上相对偏高。同时,职称变量与乡村教师 TPCK 信息素养有显著的正相关关系,即乡村教师职称越高,其 TPCK 信息素养水平越高,因为职称越高,表明其各方面专业素养和教学水平相对越高。

其次,分析回归模型 2 可知,控制乡村教师个体特征变量之后,工作特征因素也会影响到乡村教师的 TPCK 信息素养水平。其中,日工作时间和住校天数对其 TPCK 信息素养有显著正向影响,表明乡村教师工作时间投入越长,其对信息技术应用于教学的掌握程度越高,可能原因是教师仅靠白天工作时间难以抽出精力去补充信息技术知识,尤其是小规模学校教师,全科教师的工作安排挤占了大部分专业学习时间。课时量和荣誉等变量对其信息素养影响不显著。

最后,分析回归模型 3 可知,培训支持变量对乡村教师 TPCK 信息素养有显著影响。统计结果显示,参加培训次数越多,乡村教师的 TPCK 信息素养水平越高,即培训活动的开展有助于乡村教师提高信息素养水平和教育教学技能,解决课堂教学和学校管理中的各种问题,增强其融合信息技术改进课堂教学的能力。同时,乡村教师参加信息技术培训的次数越多,其 TPCK 信息素养水平越高,这一点与实际预期相符,因为参加信息技术培训可以直接提升其信息技术的理解和应用能力。此外,参加培训级别对 TPCK 信息素养影响不显著,表明了培训内容比培训级别更加重要。

第八章　新时代乡村教师发展的支持体系

当前,《支持计划》主要以物质待遇、职称荣誉及培训等外部支持措施为主,这些措施是确保乡村教师队伍稳定、提高职业吸引力的重要因素,但这仅是一种基础性保障条件,尚未从根本上解决乡村教师留得住和教得好的问题。乡村教师发展仍面临着一些突出问题,比如单凭提高工资待遇并不能留住乡村教师,各地政府付出巨大财力实现了乡村教师工资不低于城镇,但是继续提升乡村教师工资待遇的阻力很大。乡村教师工作负担过重,没有时间与精力去对接好各种外部支持措施,且在大量补充师资方面存在着难以突破的编制问题。同时,乡村教师职业倦怠问题突出,疲于应付、安于现状,知识退化、方法旧化等现象依然突出,普遍缺乏专业发展的内在动力。因此,根据美国学者亨利·明茨伯格提出的内生式发展理念,乡村教师队伍建设也需要走内生发展道路,在继续加大外界物质保障与政策倾斜支持的同时,应重点采取措施为乡村教师减负,充分开发利用当地教师发展资源,推进学习共同体建设,激发乡村教师内生发展动力,只有确保外部保障与内在发展相结合,才能真正让乡村教师下得去、留得住、教得好。

第一节　信息技术手段支持乡村教师发展

一、实施背景与价值

党的十八大以来,我国加快推进以"三通两平台"为核心的教育信息化建设,已顺利完成"教学点数字教育资源全覆盖"项目;截至 2018 年,全国已有 96％的中小学实现了互联网接入,多媒体教室覆盖比例达到 92％,2020年全国中小学实现宽带网络的"校校通"。在信息化设施设备基本健全的基础上,借助信息技术助力农村教育的内涵发展,助力乡村教师的专业发展,将成为未来缩小城乡教育发展差距、实现乡村教育振兴的重要抓手。从《青岛宣言》到"教育2030行动框架",再到《教育信息化"十三五"规划》都强调,要充分利用信息通信技术扩大优质教育资源覆盖面,缩小区域、城乡数字差距,大力促进教育公平。从乡村教师的专业发展来讲,也需要借助信息技术手段为其提供多元丰富的资源和智力支持,提高教育教学质量。乡村教师工作的环境、教学对象、课程设置及家校沟通等方面都有一些特殊性,与城镇学校之间存在较大差距,因此乡村教师的专业发展不能完全借用城镇学校的发展模式,而是需要给予有针对性的支持和服务,在这个过程中,互联网、信息技术手段将会有效发挥其独特价值。

与城镇教师相比,农村学校位置相对偏远,教师专业成长的内在环境与外部条件相对薄弱,比如在教育职责上,没有城镇学校的精细分工,教师不仅承担教书育人的职责,还需要承担行政管理任务;在学校资源支持层面,限于学校位置偏远,信息相对闭塞。此外,由于路途较远,来自县城骨干教师的现场指导也相对偏少,同时由于乡村教师通常要带多个年级、多个班,工作时间通常不能外出参加培训。因此,基于上述特殊情况,借助互联网信息技术促进乡村教师专业发展具有一定的优势和必要性,比如互联网的海量资源和应用便利性是乡村教师成长的最好助力,用信息技术连接农村与城镇的课堂,获得外部名师的引领,也是乡村教师日常教学的最好支援,即用信息技术为乡村教师插上飞翔的翅膀(任友群,2017)。王辞晓等(2017)调查了中小学教师的网络教学接受度(AWI)和教师信息技术应用能力(TPCK)发现,在教师信息技术应用能力方面,省会城市/直辖市地区的教师的TPCK总体及各维度得分的均值最高,地级市次之,最低的是县域农村地区;在网络教学接受度方面,地级市的教师的AWI总体及各维度得分的均值最高,而省会城市/直辖市地区次之,最低的也是县域农村地区。由此可见,农村地区教师的TPCK能力及AWI水平均有待提高,其中既有城乡学校财力和信息资源配置的差异,更有教育理念和教学模式的差异,农村地区信息技术应用的力度和乡村教师信息技术应用能力仍有待提高。

在线支教是借助网络技术为师资匮乏的农村学校带来多样化素质教育课程,让农村儿童也能享受到与城市同样优质的教育资源,是解决偏远地区农村学校师资数量不足和专业素养不高问题的一种有益探索。目前国内已经有多种在线支教模式出现,"U来公益"在甘肃推出"以县带村"在线支教项目,是利用当地县城的优质师资,依托在线课程平台为农村学校上一门课,让学生直接享受县城专业教师上的课程,为县城和镇中心校的支教教师示范教学方法与教育理念,有效提升教师教学能力和区域教育质量。"U来公益""以县带村"在线支教模式的主要特点是与当地教育局合作,通过招募县城优质师资成为支教教师,作为乡村小规模学校音乐、美术等师资匮乏难以开课的可持续补给;同时对支教教师和助教教师进行教学能力培训,邀请国内专家通过多种方式实施培训,提高乡村教师教育教学水平。参加在线支教项目的农村助教教师,在协助县城教师上好一堂在线课程的同时,也是在接受县城教师关于教育教学、学生管理、专业素养等方面的培训和指导,通过课前沟通、共同备课、课中协作、共同管理、课后交流、反思提升等多个环节,实现了县城教师对乡村教师专业发展的有效引领(袁丽,2011)。

二、多元化实施路径

(一)开展在线支教或同步课堂

农村学校师资力量相对薄弱,音体美等专业学科教师缺乏,课程不能开齐、开足的问题仍然存在,前面提到的"U来公益"在线课程,就是利用在线支教方式为农村学校提供远程支教服务。在线支教是借助网络技术为师资匮乏的农村学校带来多样化素质教育课程,让农村儿童也能享受到与城市同样优质的教育资源,是解决偏远地区农村学校师资数量不足和专业素养不高问题的一种有益探索。比如"U来公益"在线课程,一方面是为开齐音乐、美术等课程;另一方面是为了培训当地的师资力量,提高学科教学水平。同步课堂则是让偏远地区儿童与城市学校儿童享受同等质量的教学服务,同步课堂的教学活动要求城乡教师之间加强教学信息的共享、备课研讨的协同以及教学进度一致,是城乡教师间紧密合作型的帮扶模式。此外,还可以借助信息技术手段开展乡村教师网上"晒课"、专家会诊的支持模式,即乡村教师录制课堂教学过程,在线接受专家"会诊"。比如华南师范大学推出了乡村教师课堂远程诊断中心,乡村教师可以利用手机直播课堂备课,也可以用手机录制自己的课堂接受专家和名师的"会诊",这些都促进了当地教育的"造血"功能。

(二)实施网络教研与在线传帮带

国家教育事业发展"十三五"规划提出,要加强"名师课堂""名校网络课堂""专递课堂""在线开放课程"等信息化教育教学和教师教研新模式的探索与推广,扩大优质教育资源覆盖面。由于农村学校地理位置相对偏远,城乡教师之间的线下互动面临着一定的时空限制,对农村学校的现场教研、培训指导等活动次数有限,而网络教研则为城乡教师之间的互动研讨消除了地域、时间限制,不仅提高了效率、增加了互动次数,还能有效激发城乡教师的参与积极性。师徒结对,为年轻教师指定骨干教师进行"传帮带",是学校促进教师专业发展的传统举措,但是对于农村学校来说,面临的困难通常是缺少同伴优秀教师的支持,老教师教育理念则相对落后。在信息技术支持下,乡村教师可以在县域网络平台中联系适合自己的导师,就课堂教学、学生管理及课程开发等问题与导师进行及时、有效的互动,从而提升个人专业发展水平。

（三）开发适合乡村教师发展的数字资源

随着"教学点数字教育资源全覆盖""三通两平台建设"等项目的推动,大量优质数字教育资源进入农村学校,农村和城市学校的资源差距大大缩小,但是针对乡村教师发展的支持资源仍然不足。任友群（2017）曾提出,目前农村学校针对"学"和"教"的数字资源已有不少,但针对乡村教师"研"和"训"的资源研发、投入明显不足。乡村教师的工作环境和教学对象有一定特殊性,数字资源的应用环境也与城市不同,在教学进度、教学方法和评价目标等方面也有显著差别,因此不仅要开发更加适合农村学校教学的数字资源,更需要开发有助于乡村教师自我研修和培训提高的课程及教学资源。帮助乡村教师拓宽搜集教育教学信息的渠道,使他们对教学资源有更多的了解和掌握,从而根据教学目标、学生学情合理地选择数字化的教育资源。

（四）乡村教师教育理念转变与信息素养培训

借助信息技术助力乡村教师专业发展,需要转变乡村教师应用信息技术的观念,提高对信息技术应用价值的认识;尤其是年龄偏大的乡村教师,其教育理念相对滞后,对现代信息技术应用有一定的排斥和畏难情绪。原因可能是乡村教师的信息素养相对较低,应用信息技术改善课堂教学的能力相对不足,也亟待提高。因此,需要加强乡村教师的信息素养培训,提高其应用信息技术的能力与自信心,使其获得信息技术课堂应用的成就感。同时,需要构建乡村教师网络教研共同体,不断完善网络研修,并逐步构建以需求为导向的乡村教师在线培训模式。此外,要坚持"以教促研"的方式,在农村学校数字化教学的常态化实施基础上,探索乡村教师的教研新模式,并将其有机融入学科教学过程,使数字化教学在农村学校落地,实现常态化运行。

第二节　校长领导力提升与组织氛围建设

一、典型案例与经验分析

(一)典型案例

陇家湾小学是位于云南省镇雄县的一所乡村完小,离镇雄县城 50 公里,离尖山集镇 10 公里。学校现有 7 个教学班,近 400 名学生,只有 11 名教职员工。程丰贵校长被评为首届"镇雄县名校长",学校致力于让每一个孩子得到发展,让每一位教师施展才华,让每一个家长收获希望。近年来,陇家湾小学的大部分学科一直保持全乡同级同科前三名,学校综合成绩一直保持全乡第一,赢得了较好的社会声誉。程校长比较重视学校教师队伍建设,采取各项措施支持教师发展,形成了良好的团队氛围,学校教师的稳定性非常高,教师间关系比较和谐,这也是该校教学成绩一直名列前茅的重要因素。总结与程校长的访谈内容,围绕乡村教师队伍建设,主要有以下几点经验。

第一,争取各项外部资源支持,改善教师工作、生活条件。为解决学校办公条件不足的问题,程校长通过网络平台联系到北京市的一家微公益组织,获得了班级课桌椅、学生书包及教师电脑的捐赠,有效改善了学校师生的学习条件和精神面貌。程校长作为本地人,对当地各行各业比较熟悉,在学校集体活动时,会邀请村委、家长、当地企业、外地任职的老乡等参与进来,一方面增进彼此了解,另一方面争取资源支持。据程校长介绍:"如果有朋友来看我,我不让他们带任何礼物,而是让他们给老师带些礼物;对学校教师的感情,就是对我的感情。"此外,当教师个人或家庭中遇到困难时,校长都会尽一切努力帮助解决,让教师安心工作。

第二,充分尊重、信任教师,为教师发展提供各种支持。学校完全实现民主化管理,对教师的工作安排从来不关注细节,分给教师一大块业务,由教师自主决定如何开展,需要哪些协作,校长和同事们一起支持。程校长认为每一位教师都非常努力、负责,上级给予的荣誉评选从来不用竞争排名,教师轮流参评,校长本人则从不参与。程校长积极推进学校和村委、家长的关系建设,学校办学得到较多支持,尤其是家校关系特别融洽,从来没有一个家长到学校闹事,家长们对教师特别感激和尊重,教师们的自尊心和成就感比较强。程校长向当地老百姓承诺:"如果哪一天你们觉得陇家湾小学没有变化,那就是该我休息的时候了,努力做到一年一个小变化,三年一个大变化。"

第三,建立和谐的同事关系,坚持校本教研、团队协作、共同进步。教师团队协作精神较好,同事关系非常融洽,大家一起吃饭、一起办公,同事之间就像兄弟姐妹一样。由于学校位置偏远、信息闭塞,教育教学业务得不到外部的有效指导,程校长坚持"自给自足、自力更生",以"传帮带"方式带动教师发展,充分相信每一位教师,不单是老教师带年轻教师,年轻教师也有很多优势,整个教师团队有团结协作、互帮互助的发展氛围。教师们对于最新教育理念、教学方法的学习,都是靠自己用手机上网查阅获取,然后再通过集体教研分享经验。学校教师到中心校、县城校的流动性非常低,有的教师说多给两万元也不去,他们已经形成了一种共同语言和归属感。程校长说:"学校都干到这种程度了,老师们都舍不得放弃,都有一股冲劲,感觉和这一帮老师在一起工作比较开心,尽管也有些苦中作乐。"

（二）经验分析

从云南镇雄陇家湾小学的案例可以看出,一个好校长就是一所好学校。当前中小学管理实行校长负责制,校长是学校管理的组织者,是学校发展的引领者,校长在学校发展、教师发展及学生成长过程中有重要价值。农村学校面临着更多的发展困难,比如师资力量薄弱、教学质量不高、优秀生源流失、家长不配合等问题,所以农村校长需要担负更大的责任,需要具备更高的教育情怀。前面章节中也谈到,校长领导力是影响乡村教师教学效能感的重要因素,提高校长领导力对于促进乡村教师专业发展有重要价值。因此,农村学校校长要制定明确的发展规划和愿景,调动乡村教师专业发展的内在动力,转变传统保守的教育理念,提高专业自信和发展成就感。当然,课程教学是教师专业工作的最核心内容,学校要为乡村教师的课程建设及理解、教学研讨与改进等提供多方面支持,有效提升乡村教师的教育教学水平。

组织氛围是学校文化的重要内容,也受学校校长的领导风格影响,是学校组织管理、制度设计和教师工作状态的基本体现,良好的组织氛围有利于激发乡村教师的发展积极性和创造力。前面章节中谈到,根据乡村教师工作环境中的变革型领导、程序公平和同事关系等变量,能够显著预测教师专业学习表现。农村学校组织氛围的内容,包括学校的民主管理、制度设计、程序公平等要素,要加强校长领导与学校组织氛围的建设,以此为乡村教师发展创造良好条件,并激发其自主发展的内在动力。与城市学校不同,农村学校的师生规模通常偏小,因此学校管理层级的设计、管理职责的分工及管理程序的实施等,均要体现出农村学校的特征,比如农村学校更适合扁平化管理。所以,要重视学校内部组织氛围的建设,以及学校外部环境的沟通与协调,为乡村教师发展创造良好的支持环境。

二、民主管理与简政放权

(一)教育教学理念和发展愿景的引领

通过前面章节研究发现,校长对于学校发展规划及未来发展愿景的塑造,有助于调动全体教师的发展动力,提高教育教学的积极性和创造性。农村学校信息相对闭塞,乡村教师的教育教学理念更新不及时,这就需要学校层面加强对最新教育理念的学习和引进,鼓励教师队伍不断学习前沿教学理念,改进教育教学方式。与常规的物质激励和制度激励相比,最有价值的激励,应该是学校领导利用学校的核心价值观来进行激励(包俊娟,2012)。农村学校也要努力构建学校发展的教育理念,探索适合学校的独特育人模式,以此来激励全校师生自力更生、共同进步。农村校长自身的教育教学理念能否及时更新,能否发挥引领、表率作用,也将直接影响到乡村教师和学生是否有发展。此外,要推进乡镇中心校(教委)职能由管理向教学指导转变,建立全乡镇教师教研的组织和工作机制,开展多种形式的集体教研活动,加强对村小和教学点教师的教学业务指导,在乡镇中心校人员及经费分配中向教研活动倾斜,让乡村教师切实感受到校长对自身专业发展的重视和支持。

(二)专业学习与共同教研氛围的营造

我们发现,城乡教师在专业学习各维度上均存在显著差异,城市教师要显著高于乡村教师,这种差距与城乡学校间的发展环境有关。因此,农村学校要采取各种措施营造专业学习的氛围,鼓励教师在课堂教学、学生管理及课程建设过程中加强与同事之间的协作,积极开展教学反思,尤其是提高学习前沿教育理念的意识和动力。城乡之间教学质量的差距,也是源于农村学校的校本教研不足,乡村教师的校本教研次数显著低于城市。为支持乡村教师的专业发展,学校层面也需加强校本教研活动的组织和实施,尽管农村学校普遍缺乏名师引领,但同事之间的交流与研讨也有重要价值。比如组织校内的说课比赛、教案比赛等活动,以及读书交流、好书推荐及教学研讨等活动,建立常规性的校本教研制度,校长带头参加,营造教学研讨的氛围。此外,乡村学校要逐步建立教师学习共同体,定期组织集体备课、教学研讨、课题研究等活动,形成教师学习和专业发展的良好氛围,尤其要注重引领年轻教师的专业成长。

(三)教师个体生活与发展诉求的支持

从陇家湾小学的案例可以看出,校长对乡村教师个人生活及教学工作的尽力帮助,解决了教师工作的后顾之忧,也增强了学校教师团队的凝聚力,提高了教师工作动力和教学质量。因此,第一,要为乡村教师尽可能地营造良好的工作条件,解决教师个人生活中面临的困难,比如乡村学校的住宿问题、饮食等问题,以及乡村教师家庭或孩子上学等事情。此举有助于增强乡村教师的归属感,实现以感情留人的效果,也能体现出对教师的关怀和重视,构建具有较高凝聚力的团队。第二,要为乡村教师的教学改革和发展诉求提供支持,提高乡村教师的职业成就感。比如支持年轻教师的改革理念,鼓励年轻教师大胆尝试新的教学方式;支持教师的职称评聘,尽力为其提供便利条件,助力教师实现专业成长;在学校荣誉评比中做到公平、公正,给每一个人获奖机会,减少内部竞争;增加外出培训机会,鼓励教师在线进修等。

(四)全面放权、民主管理与公平激励

在实地调研中了解到,校长们普遍反映上级部门组织的检查评比过多,影响了学校正常的教育教学工作,进而加重了乡村教师工作负担。麻雀虽小五脏俱全,上级布置的各项管理工作均需参加,每个乡村教师都身兼数职,承担教学及管理工作。因此,首先需要政府部门在学校管理上简政放权,转变教育管理方式,为学校创设良好的外部环境,给校长、教师"减负",让他们回归教育的原点,把工作重心真正放在教育教学上。同时改革应试教育下的教师考核方式,重视非主课教师的发展权利,避免音体美教师都去教主课的问题。政府简政放权,引导乡村学校建立现代学校制度,把课程教学、经费、考核及培训等权力下放给学校,强化学校自主管理,针对村小、教学点等学校要实施更加宽松的管理策略,把工作重点放在支持学校教育教学改进上。

其次,农村学校更需要给教师放权,不只是某方面行政事务的权利,更多的是教学模式、评价方式及课程开发等自主权,激发其专业潜力。对学校管理事务、制度设计及课程教学等方面的决定,实施民主管理,听取全体教师意见,通过共同协商形成发展决策,增强乡村教师的归属感和参与积极性。

最后,还要建立公平、客观、有效的激励机制,鼓励乡村教师不断提高教学质量,增强工作动力。当然,还需要加强对乡村学校校长的选拔与培养,提升其科学、民主管理的水平,因为校长的管理方式与人格魅力是影响乡村教师工作积极性的重要因素。

第三节 助力乡村教师发展的专项教研机制

一、专业发展支持的实践价值

没有教研的村小,教师能够成长吗?根据实地调研了解到,农村学校教研制度不够完善,乡村教师普遍缺乏教研能力,教研活动流于形式,教研质量十分薄弱,个别教师仍在用十几年前的教学模式上课。一方面,是因为农村学校骨干教师流失严重,普遍缺少引领教研活动的骨干教师,教师遇到的很多教学问题无法得到有效解决,对新的教育思想、教学方法等理解不到位,因此学校教研活动的效果不佳;另一方面,农村学校教师数量相对偏少,同学科教师的数量更少,每个教师通常要带多门课程,全科教师也占一定比例,针对语文、数学、英语等学科教研很难开展,更难以形成制度性、常规性的教研机制。此外,农村学校对教研活动的重视程度不够,很多农村校长难以有效理清教学与教研的关系,"重教学、轻教研"问题突出,对教师的考核方式仍然以成绩为主。许多乡村教师对教研也缺乏了解,甚至有的教师觉得自己身处农村,做教研工作是"瞎子点灯白费蜡",难以结合教学实际进行深入的思考、总结，从而也就难以形成有实际价值的教研成果（苏小成，2018）。此外，乡村教师工作任务量比县城教师要重，这也影响了乡村教师开展教研的时间和精力。

基于对农村学校教研问题的分析可知，农村教师的教研能力和教研成效十分薄弱，需要加强农村教师教研能力建设，这是提高农村学校教育质量、促进乡村教师专业发展的重要抓手。就目前县级教研部门对农村学校的教研支持来看，仍然是严重不足，教研部门对农村学校存在着一种主观上重视、客观上轻视的现象。以常见的优质课、教学技能竞赛为例，为了确保好的名次，个别教研部门往往仅在城区学校选拔参赛教师，而乡村教师的参与机会显著较少。为有效加强农村学校的教研活动建设，助力乡村教师的专业发展，需要建立专门服务于乡村学校的教研组织，开展有针对性、适合农村学校实际的教研活动，因为乡村教师的专业水平、农村学生的生源特征以及家长参与程度等均不同于城市，城市的教研模式不一定适用于农村。同时，要真正建立区域性服务农村学校教研的工作机制，引导农村学校完善校本教研制度，多个层面推进农村校本教研活动的有效开展。

二、支持农村教研的多种模式

（一）农村片区的教研支持

安口学区是甘肃省平凉市华亭县的一个农村学区，安口学区内共有 13 所学校，基本都是 100 人以下的小规模学校，10 人以下的"麻雀学校"有 5 所。由于小规模学校集中，安口学区曾经面临着学生流失严重、课堂教学没有活力、常规课程难以开齐、教学质量薄弱等问题，也面临着教师缺乏专业成长氛围、教研活动得不到有效开展、职业倦怠突出等问题。为进一步提高学区教育质量，安口学区依照学校的地域分布特点，按照距离远近，把全部学校分成了四个辅导片，以学区教研活动为载体，推进学校教研组之间的互相磨课。安口学区积极推进了课改共同体建设，实施送教上山教学研讨活动，建立以强带弱、同课异构等共同教研的工作机制，有效提升了乡村教师的教学水平（陈昂昂，2017）。

安口学区首先从学区的课改薄弱校和薄弱学科着手，组织同年级段、同学科教师进行"同课异构"，共同研究课标，集体备好一堂课等，比如在大坪辅导片开展了石坪小学、大坪小学、吴坪小学等课改共同体的教学研讨活动。同时,还积极组织课改骨干教师送教上山,以促进全学区教学质量的均衡发展,实现山区与川区学校的共同发展(钟国欣,2017)。比如由川区课改强校胡窑小学送教阳安小学等活动,通过现场说课、上课、评课及教学研讨交流等活动,实现以骨干带动普通教师、质量强校帮扶质量弱校的发展目标。安口学区还积极组织多种形式的课堂教学大赛活动,各参赛教师灵活应用多媒体设备,尝试先学后教、目标教学、分层教学等多种教法,不断探索生本课堂教学模式,达到了推动课改、锻炼教师、互动交流的目的。此外,安口学区不断探索适合小班化特征的教学模式,提出了"同动同静"的复式教学模式,并在单班教学中实施主题教学模式。以音体美不分级教学为例,不再是教师进行单个班级的教学,而是对全校学生按照能力而非年级进行分组,兼顾学生水平的实际差异,学生之间"大帮小""小促大",有效调动了学生上课的积极性(李满学,2017)。总之,安口学区积极扎实地推进课堂教学改革,为每一所学校提供适合学校实际的教研服务,从而强有力地推动了安口学区教研质量的提升、乡村教师的发展。

(二)镇街层面的教研支持

在2019年中国教育创新"20+"论坛年会"助力乡村教育振兴的教研体系"分论坛中,北京市海淀区教师进修学校的罗滨校长做了题为"新时期乡村教研系统构建的思考"的发言,提出"要增加专门服务于农村学校的教研机构"。他认为,要着力构建新时期助力乡村教育振兴的教研系统,基于证据改进教学,采用教师众筹的教研形式,为教师提供个性化的教研服务等。罗滨校长提出,目前我国实行国家级、省级、市级、县级和学校级的五级教研体系,但是目前从县级到农村学校的距离较长,县级教研服务农村学校的力度不够,需要在县级教研和学校教研之间建立一层新的教研机构,专门支持某个片区内的农村学校教研活动。对于这一层教研机构的命名,可以叫镇街教研站,目前广州佛山南海区正在推进这样的教研站,在每一个街镇设立教研站,每个教研站大约有8~10个教研员。还可以由农村中心校承担,或者建立区域性的联片学科基地,构建农村学校联合教研的共同体。罗滨校长还提出了"名师+"乡村教研系统的构想,该模式的特点是以名师带动乡村学校建立发展共同体,共同体的成员通过深度互动,实现共同成长;名师来源不一定局限于本地,可以是全国各地的名师,借助互联网技术实现教研服务的链式传递,带动乡村教师发展。他建议市、县级教研员、名师,都在农村学校建立工作站，为农村学校输送优质资源，带动乡村教师开展教研活动，实现教研服务的链式传递，当然也要真正深入到农村学校，把工作站设在农村。

（三）区县层面的教师教育

在2019年中国教育创新"20＋"论坛年会"城乡一体化与乡村教育振兴"分论坛中，北京师范大学的朱旭东做了题为"三区三州区县教师教育新体系建设"的发言。他提出，目前区县层级只有培训概念，没有区县教师教育及其概念体系，因此要把区县教师教育体系这个概念渗透到区县层面。朱教授组织实施了三区三州的教师教育精准扶贫大型公益项目，建议成立教师教育的"UGNI"创新模式，即以区县教师教育机构为核心，把教研室、进修学校、优质中小学、名师工作室进行统筹并开展培训。区县教师教育机构主要由区县教师发展中心、教师专业发展学校、校本教师专业发展中心、名师工作室等机构构成，由高校进行学术指导。朱教授指出，区县教师教育新体系是为在职教师提供专业发展支持的体系，具有本地化特征，它由五个部分构成：一是区县教师教育的机构体系，二是区县教师教育的课程体系，三是区县教师教育的教学活动体系，四是区县教师教育的师资体系，五是区县教师教育的网络体系。建设区县教师教育新体系是促进教育均衡发展、保障教育质量的需要，这有利于促进区县教师的教育自信和师德养成，也有利于从根本上解决教师专业发展的需求。

第四节　以特色课程和多元评价引领教师成长

一、开发适合农村的校本课程

教师是学校校本课程的开发主体，在校本课程开发过程中，教师的教育理念、专业知识和潜能也将得到显著提升。对农村学校来说，更应重视校本课程开发对学校办学的价值，尤其是对促进乡村教师专业发展的价值。尽管目前农村学校校本课程开发能力比较薄弱，但是校本课程开发并不是城市学校的专属，农村学校中也有更加丰富的课程资源待挖掘，乡村教师也同样具备课程开发的潜力。

第一，通过校本课程建设，引领乡村教师更新教育理念。鼓励乡村教师参与校本课程建设,有助于提高乡村教师对新课程理念的认识,不断增强其参与课程与教学改革的动力。校本课程的开发,取决于乡村教师对已有课程的理解和学生发展需求的认识,尤其是对当前教学过程中面临问题的分析,而这些工作的有效开展,必然需要乡村教师更新教育理念,改进传统的教育模式和教学方法。校本课程的开发要适应新形势下人才培养的需求,尤其是符合农村学校学生的成长特点。课程开发过程也不是简单的照葫芦画瓢,而是在先进教育理念引导下,不断实践、反思,再实践、再反思的过程。在校本课程建设过程中,乡村教师亲身体验、感知、不断反思,其教育理念必将会在不知不觉中发生"蜕变"。

第二,在校本课程开发中培养乡村教师的研究能力。目前,乡村教师普遍缺乏参与校本课程开发的意识和信心,认为校本课程建设都是县城学校的事情,主要原因是乡村教师缺少校本课程的参与经验,也未认识到其对学生发展和教师成长的重要价值。校本课程开发需要对课程知识、教学知识和学生发展知识有一定了解,乡村教师要参与课程开发,首先需要对上述知识进行充分的学习和储备,掌握基本的课程开发流程和方法。校本课程要体现学校特色,课程开发过程中需要深入研究学校的特色资源和学生的发展特点,也需要反思自我的教学实践和教学模式,而这个过程也是乡村教师实施行动研究的过程,有助于提升乡村教师的研究能力。简而言之,没有教研的教师永远是教书匠,没有研究的教学永远是陈旧的教学,校本课程开发则是教师研究能力提升的重要路径。

第三,在校本课程实施中锻炼乡村教师的教学技能。校本课程开发是对国家课程、地方课程再认识、再选择、再改编的过程,也是对教师自身教学过程、教学理念、教学方法再反思、再完善的过程。参与校本课程开发后再教学实践,会让乡村教师进一步反思对课程目标、课程内容的理解,进一步完善教学策略、课堂组织形式及对学生的评价反馈等,这对于乡村教师教学能力的提高有较大帮助。校本课程的开发,始终坚持"以学生为本"的教学理念,课程内容的设计也体现出本校学生的学习特点,因此乡村教师教学需要适应学生不断变化的学习方式,才能有利于形成以学生为本的理念。乡村教师参与校本课程开发和实践,将会改变自己的教学理念、增进对学生主体性的认识,提高对教学方式和课程实施的认识,进而从各方面提高专业自信和发展水平。

第四,在课程开发中增强乡村教师与校内外资源互动。农村学校的校本课程开发,需要充分挖掘其所在区域的传统文化、民间艺术等特色资源,为校本课程开发提供丰富素材。校本课程建设离不开校外专家的引领和支持,要通过多种方式获取专家资源的支持,从而打开校本课程开发的思路,推进教师的持续学习,为校本课程开发与实施提供理论支撑。当然校本课程开发也需要一定的财力、物力支持,这也需要教师争取校内外资源的支持,在资金、制度及组织实施上提供保障(刘梅,2013)。最后,校本课程的开发离不开学校教师团队的分工与协作,尤其是农村学校师资力量薄弱,其校本课程开发通常是全校师生协力完成,这也有助于学校教师发展团队的建设,形成团结协作、共同进步的专业发展氛围。

第五,构建结构化、标准化的农村学校课程体系。对当前许多农村学校来说,学生规模普遍较小,师资匮乏问题突出,无法按照传统的课程体系配备完善的教师队伍,一个教师带多门课程的教学模式,严重影响了农村学校的教学质量,而且农村教师的教学能力和专业素质得不到很好的培训与支持,制约着农村教学质量的整体提升。为此,建议借鉴首届"一丹教育发展奖"获得者 Vicky Colbert 的"新学校"模式,该模式打破了传统的课程设置体系,通过建立一个结构化、标准化的学习指南,让农村学校教师利用指南引导学生自主学习,不同年级学生根据自身情况进行个性化学习,获得知识、技能的提升(王学涛,2018)。所以,改革的关键有两点,一是对农村学校课程体系进行重构,不再按照传统的语数外音体美等模式设置,结合学生核心素养的发展需求进行大类的课程设置,比如开设艺术课、阅读课、科学课等;二是结合农村生活实际和学生特征,开发结构化、标准化的教学指南,包括知识内容、问题设计、课外活动及评价方式等内容,形成一种高度结构化、标准化的课程教学指南,不仅有利于没有接受过正规训练的教师尽快上手,更有利于学生根据自身需求进行自主、个性化的学习(钟磬,2018)。

二、实施多元化教学质量评价

以评价机制改革为抓手,激励乡村教师发展的内在动力,促进乡村教师的终身学习、专业发展,是当前推进农村教育改革的重要任务。实地调研中了解到,部分乡村教师缺乏专业发展的动力,消极应对日常教育教学工作,教育理念和教学模式相对保守,学习、创新动力不足,对未来职业发展也没有信心,学校缺乏有效的激励措施,仅从行政管理角度难以发挥作用。因此,为调动乡村教师的工作动力,提高专业发展的自觉性和积极性,还需要从完善评价制度入手,建立多元化的教师评价措施,形成有效的教师发展激励机制。

(一)弱化薪酬激励,加强专业发展激励

前期研究发现,当前乡村教师队伍的整体薪酬水平已经高于县城学校,仅靠提高工资待遇并不能留住乡村教师。安雪慧(2006)的研究也发现,传统的以工资和奖金为手段的激励措施在农村地区中小学失效,通过教师职业发展体现的教学激励,可以提高教师的教学质量和学生学业成绩,这是在薪酬激励失效后较为有效的激励措施。因此,要重视对乡村教师专业成长的关注,采取各种措施创造条件,为教师充分展示个人才华搭建平台,比如积极加强专业培训,让乡村教师在专业发展上获得成就感;建立民主管理机制,形成规范有序的教研模式,理顺乡村教师发展成长机制,让每一位乡村教师都能实现精神富足和专业成长。

(二)减少个体评价,侧重学校整体评价

农村学校教师数量相对偏少,学校教学、管理等事务多数由教师们自主协商完成,因此对乡村教师的激励措施设计,应尽可能地体现共同性、灵活性和均衡性。减少对乡村教师个体间的评价激励,是为弱化乡村教师的内部竞争,保障良好人际关系的维持,尽可能实施整体性评价、捆绑式评价,把学校全部教师作为一个教师团队,进行相应的评价和奖励,这有利于提高每一个教师参与工作的自觉性。在乡村教师职称评聘方面,多数地区已经不再设置竞争性条件,而是符合基本年限、达到基本要求的教师都有机会晋级,不受岗位名额的限制;在绩效工资的制度设计中,不同级别间的差距也不宜过大。

(三)由单一成绩评价转向多元发展性评价

由于农村学校的生源质量、课程教学资源等条件与城市有较大差距,其教学质量相对薄弱,目前学生成绩是教师评价的主要依据,乡村教师的成就感偏低,不利于调动乡村教师的发展动力。要转变以成绩为主的奖惩性评价机制,基于农村学校特征实施发展性评价,依据学校特征、教学任务、教师发展阶段与课程目标,建立多元评价标准,尊重城乡教师教学的差异性。比如四川阆中市探索朴素而幸福的乡村教育,积极改革农村学校评价方式,不再以考试成绩作为主要的考核指标,把校园文化、体质健康、课程建设及社团活动等纳入综合考评体系,也给农村学校提供了公平竞争机会,增强了乡村教师的发展成就感(施剑松、李益众,2016)。

（四）学校层面重视对乡村教师的情感激励

傅建明（2007）研究提出,教师专业发展不是一种外在、强制的推动,而是教师自主的发展;内在原动力是教师发展的关键,但如果没有外在环境提供的刺激,大多数教师不会主动发生改变。所谓"情感激励",即学校对乡村教师情感上的给予、关心、尊敬和理解等,是对乡村教师发展上的情感支持,增强其归属感和自尊心。应重视对乡村教师个人生活、专业发展等方面的关心、支持,以情感留人,形成良好的同事关系;比如积极协调家长、社区与学校的良好关系,为乡村教师开展教育教学营造良好的支持条件,为每一个教师提供适合的发展支持,激励乡村教师发挥出最大潜能。

第五节　支持乡村教师发展的多方共援与合作

乡村教师支持政策的改进,首先需要明确乡村教师是"知识人"的定位,考虑到其发展的特殊需求,避免简单采用"经济人"假设思维,如果单纯用经济条件与技术理性的思维去要求乡村教师,无视他们的需要、理想与现实,那么任何行动都只能是隔靴搔痒(唐松林,2016)。因此,要重点采取措施促进其专业发展,创造良好的组织环境让其享受思考与创新的自由,增强专业成长的幸福感。

一、培训支持与家校合作

（一）加大培训以激发其内生发展动力

我们在研究中发现,培训因素对于乡村教师的职业稳定性、职业倦怠感等具有重要的影响作用,乡村教师对业务培训的需求远高于物质待遇,他们也一致认为参加培训是能够促进其专业发展的重要渠道。在调研中发现,当前乡村教师培训仍然存在着培训资源缺乏、培训机会较少、培训效果不理想等问题,比如有 2.5% 的乡村教师从来没有参与过培训,有 42.7% 的乡村教师在职业生涯中参与的培训不到 5 次。因此,还需重点加强乡村教师的培训工作,增加专门的培训经费,满足每一个乡村教师的培训需求。同时,要努力解决影响教师参加培训的工作障碍,根据乡村教师的工作条件与不同需求,采取灵活、便利的培训形式,提升培训的针对性和实效性。乡村教师的专业发展,还依赖于教师灵魂深处的自发意识和行动欲望,需要认真研究如何激发乡村教师内生发展动力的问题。比如构建一套有效的乡村教师激励机制,引导社会组织开展优秀乡村教师的表彰活动,营造全社会关心乡村教师的浓厚氛围,从而激发广大乡村教师投身乡村教育事业的动力和信心。

(二)开展家长课堂、推进家校合作

在前面章节分析中发现,与城市学校相比,农村学校家校合作的力度显著偏低,农村学生父母对于教育的观念及重视程度相对偏弱,乡村教师的教育教学工作往往得不到家长的有效支持。比如在城市学校中,学生的作业辅导、课程预习及社会实践等工作,多数能得到家长的积极配合和支持,而在农村学校中,几乎是全部教学工作均需由乡村教师在学校教学时间内完成。具体来看,一方面是农村家长家校合作的观念淡薄,对子女教育的重视程度相对偏弱,比较关注的就是考试成绩,其他心理及品德发展关注较少;同时认为教育就是学校的事情,对学校的教育教学工作没有参与积极性;另一方面是源于农村家长的学历水平和职业特点,很多农村家长缺乏参与家校合作的能力和素养;即便有些家长对学校教育教学工作很积极,但是却不知道如何配合教师发挥好孩子教育的共同作用(马多秀等,2017)。此外,农村学校学生父母外出务工的比例较高,农村学校留守儿童的情况比较普遍,很多家长半年甚至一年才回来一次,根本没有时间参加学校的教育教学活动,通过线上与教师的沟通也相对偏少。同时,多数孩子是隔代监管,祖父母不仅无法参与学校活动,连辅导学生家庭作业也很困难,对家校合作也难以有所支持。

家校合作是家庭和学校之间为了孩子的健康成长而进行的合作,这种合作整合了家庭、社区、学校、志愿服务等方面的资源,是孩子阳光健康、幸福成长的保障(刘小娇等,2019)。对农村学校来说,开展家校合作的意义更加重要,不仅有助于提高学生培养质量,还有助于乡村教师队伍的专业成长。当前,很多农村学校开始重视家校合作的力量,采取线上、线下家长课堂、家长讲座、组建家委会等多种方式推进家校联合育人,在这个过程中更应调动农村家长的参与积极性,共同为提高育人质量而努力。

同时,在进行家校合作的生动实践中,乡村教师也可以更加清晰、生动地了解到每个学生的性格特点、兴趣爱好,以及家庭氛围背景,从而改进教育教学的路径,更好地因材施教,提高教育教学效果,同时也是在潜移默化中提高自身专业化素养(魏红,2018)。例如,山东省平度市度假区小学是一所农村小学,学校比较重视家校合作的推进,帮助家长提高家庭教育能力。学校坚持每周四晚上开设两小时家长学堂,由校长和学校教师轮流讲课,不仅增强了农村家长的教育理念,提高家长们对科学教育方法的掌握,调动家长们参与家校合作的积极性,也显著提高了家长对于乡村教师的尊重和配合意识,对于提升乡村教师的教学效能感有积极的影响。

二、以城带乡与师资流动

(一)以学区化办学带动农村学校师资改善

农村学校师资力量相对薄弱,教育理念和办学水平与乡镇中心校及县城学校存在较大差距,采取措施建立优质学校与农村学校的发展联盟,有助于发挥优质校各方面资源的辐射作用,促进农村学校教师队伍成长和办学质量改善。目前多数地区已经在实施乡镇范围内推进学区化办学制度,但是仍然存在着诸多问题,比如乡镇中心校承担的管理职责过多,而对于学区内农村学校的教学指导偏少,学区内优质师资配置不足,农村学校教师的业务培训、教研活动等也相对不足,学区内校际办学差距仍然较大等。因此,需要继续推进乡镇中心校带动农村学校发展的学区化办学模式,在硬件资源、经费分配、师资配置及课程教学、师资培养等方面实现一体化办学,实现乡镇区域内学校发展的均衡化。

乡镇中心校带动农村学校发展的学区化管理模式,重点任务是推进不同学校间师资队伍的均衡发展,尤其是发挥中心校骨干教师的引领辐射作用,建立乡镇区域内的名师骨干团队,带动农村学校教师的专业发展。比如乡镇中心校积极派出骨干教师,以"走教"形式对学区内农村学校开展实训进修和教学指导等业务引领。通过优质师资流动,发挥优质资源的辐射效应,缩小校际发展差距。具体来说,一是对乡镇学区内不同学校教师的年龄、学科、职称职务等结构进行全面分析,找出各学校师资队伍建设的问题,通过区域内师资流动,优化各学校间师资的学科、年龄、职称、职务等结构,达到学校师资队伍的最优化组合。比如部分学区已经在探索音体美教师的走教模式,教师轮流在不同农村学校上课,这就体现出了学区化办学中的师资共享价值。还需要体现不同学校师资队伍的特色互补,每一个学校师资队伍均有其特殊性和差异性,学区层面的师资配置要考虑到各学校师资的优势和特色互补问题,目标是提升每一所学校的师资配置水平。

第二,以乡镇中心校为引领,通过多种形式的专业培训,提升学区内乡村教师的专业素养。不仅要邀请区域外的专家队伍、名师来学区开展高端培训,还要发挥本学区内名师、名校长的自身资源,进行有针对性的常规培训。在学区层面建立常规性的教研活动机制,由乡镇中心校引领,定期组织集体备课、研讨教学,增强乡村教师整体的教研意识,通过观摩教学、教法探讨等活动,提高学科教师的专业技能。引导乡村教师制定个人职业生涯发展规划,明确个人专业发展目标。还要鼓励乡村教师参加小课题研究,立足于课堂教学和班级管理实践,开展基于问题的行动研究;可以由骨干教师带头设立总课题,不同学校教师从不同角度切入研究,引导乡村教师积极参与专题研究,从而不断丰富个人的教育理论知识,提高对现实问题的思考与解决能力。最后,还需要学区层面不断营造校际师资合作共赢、良性竞争的发展环境,既要借助各项制度建设、纪律约束的刚性管理,也要配套采取感召、启发等人本化激励措施。

(二)推进城乡教师流动、实地挂职锻炼

第一,支持乡村教师到城市学校挂职锻炼。刚毕业的大学生来说,通常会有较高的工作热情和积极性,前三年也是其职业起步的重要阶段,在这个时期内有骨干教师的传、帮、带,他们才能快速成长为一名成熟教师。在当前的教师补充机制中,多数刚毕业大学生及特岗教师直接从高校进入农村学校教书,并不一定利于乡村教师的专业成长。因此,对于刚入职农村学校的毕业生,需要先到县城学校中进行挂职锻炼,由县城骨干教师担任师傅,手把手指导新入职教师的专业发展,助力其快速成长。挂职时间通常要两年以上,才能保证较好的培养效果,为新任乡村教师的专业发展奠定较好基础。此外,对于已经在农村学校任教的乡村教师,到县城学校挂职锻炼也有重要作用。比如我们在实地调研中发现,某乡村教师在工作六年之后,到县城实验小学挂职两年,而在这两年中其课堂教学和班级管理能力突飞猛进,因为30岁左右正好是学习需求比旺盛的时候,而且也有一定的教学经验,对自己存在的问题与发展目标均比较明确,能够更加充分地利用县城学校的资源,实现自身专业发展。

第二,提高县城骨干教师到农村支教的实效性。根据前期调研了解到,很多县城教师到农村学校支教,由于支教时间较短、支教任务不明确、沟通衔接不顺等问题,支教活动往往流于形式,对农村学校的教学改革、教育质量提升以及农村教师专业发展的作用不够显著。为进一步提高县城骨干教师到农村学校支教的实效性,首先需要延长支教时间,并给支教教师必要的考核任务,不能仅局限于带某一门课的职责,而是要发挥引领示范作用,为乡村教师的专业发展把脉诊断,带领着乡村教师完善教学模式,提高教学质量。其次,要更多地选拔县城学校的中层及以上干部到农村学校担任校级领导,目的是把优秀的学校管理理念带下去,对农村学校发展规划进行梳理,转变教育观念和发展思路;同时这些教师也是骨干教师,对于农村学校的课程建设及教学改革等也会产生积极作用。最后,要把乡村教师纳入到当地各学科的名师工作室中,让每一个农村学校从不同学科选拔有一定发展潜力的教师加入名师工作室,通过拜师学艺,提高个体专业能力和教学水平,从而带动学校整体教育教学水平的提升。

(三)以"县管校聘"改革推进城乡师资均衡

在调研中我们发现,当前乡村学校师资紧缺问题仍然比较突出,虽然在生师比方面没有差距,但是乡村学校的班师比仅为 $1:1.4$,而城市学校的班师比为 $1:3.1$。乡村学校师资不足,导致乡村教师的工作时间过长、负担过重,从而出现教师流失及职业倦怠等问题。同时,城乡间优秀教师分布不均衡问题也比较突出,除前面提到的学历和年龄不均衡之外,获得荣誉也是教师素质的体现,乡村教师获得省级荣誉的比例为 30%,而县城学校为 50%,乡村学校缺乏优秀教师,制约乡村教师队伍的整体活力。因此,教育行政部门要加快落实"县管校聘"制度,打破城乡教师交流的制度障碍,实现城乡之间优秀教师的均衡配置。通过"县管校聘"制度改革,一方面为乡村学校补充师资,尤其是向村小、教学点倾斜,采取"走教""支教"等多种方式,为乡村教师的外出培训学习提供时间保障;另一方面,在优秀师资分配中向乡村学校倾斜,改进城乡教师流动规则,减少对乡村优秀教师的考试选拔,确保乡村学校也有优秀师资的引领,发挥专业支持作用。

因此,首先需要进一步完善"县管校聘"的人事管理制度,逐步淡化"学校人"的概念,由教育行政部门和人事、编办等部门共同出台管理办法,为

"县管校聘"的真正落实奠定制度基础。其次,要完善城乡教师交流轮岗制度的激励与保障机制。对于城乡教师的交流轮岗,既需要政策制度的规范,也需要加强对流动教师的人文关怀,兼顾轮岗教师的家庭、生活及专业发展需求,努力保障其基本权益,提高物质和精神激励力度。最后,探索多种形式的交流轮岗模式,比如全员流动、双向流动、跨区域流动等,适应不同地区、不同教师的实际情况。

参考文献

Allen D G. Do Organizational Socialization Tactics Influence Newcomer Embeddedness and Turnover? [J]. Journal of Management,2006(2): 237-256.

Biggs J B. Learning Process Questionnaire Manual. Student Approaches to Learning and Studying[M]. Camberwell, Vic. : Australian Council for Educational Research,1987.

Chen C. CiteSpace Ⅱ: Detecting and visualizing emerging trends and transient patterns in scientific literature[J]. Journal of the American Society for Information Science and Technology,2006(3): 359-377.

Darling-Hammond, L. , Richardson, N. Teacher learning: What matters [J]. Educational Leadership, 2009(5):46-53.

DeJaeghere J G, Chapman D W, Mulkeen A. Increasing the Supply of Secondary Teachers in Sub-Saharan Africa: A Stakeholder Assessment of Policy Options in Six Countries [J]. Journal of Education Policy,2006(5):515-533.

Dolton P, Klaauw W. The Turnover of Teachers: A Competing Risks Explanation[J]. Review of Economics and Statistics, 1999 (3): 543-550.

Falch T. Teacher Mobility Responses to Wage Changes: Evidence from a Quasi—Natural Experiment[J]. American Economic Review, 2011 (3):460-465.

Fornell C, Larcker D F. Evaluating Structural Equation Models with Unobservable Variables and Measurement Error [J]. Journal of Marketing Research, 1981(1):39-50.

Fu P P, Tsui A S, Liu J, et al. Pursuit of whose happiness? Executive leaders' transformational behaviors and personal values [J]. Administrative Science Quarterly, 2010(2): 222-254.

Fullan M, Hargreaves A. Teacher Development and Educational Change [M]. Washington, Routledge Falmer, 1992:106.

García - Morales V J, Lloréns - Montes F J, Verdú - Jover A J. The effects of transformational leadership on organizational performance through knowledge and innovation [J]. British Journal of Management, 2008(4): 299-319.

Hanushek E A, Rivkin S G. Teacher Quality. In E. Hanushek & F. Welch. Handbook of the Economics of Education [M]. St. Louis: Elsevier. 2006.

Hanushek E A, Kain J F, Rivkin S G. Why Public Schools Lose Teachers [J]. Journal of Human Resources, 2004(2):326-354.

Hayes A F. Beyond B, Kenny: Statistical mediation analysis in the new millennium[J]. Communication Monographs, 2009(4):408-420.

Hoyle, E. Professionalization and Deprofessionalization in Education. In Eric Hoyle & Jacquetta Megarry (Eds.), World yearbook of education 1980: Professional development of teachers [M]. London: Kogan Page, 1980:42.

Kirkman B L, Chen G, Farh J L, et al. Individual power distance orientation and follower reactions to transformational leaders: A cross-level, cross-cultural examination[J]. Academy of Management Journal, 2009(4):744-764.

Lam, Y L, Pang S K. The relative effects of environmental, internal and contextual factors on organizational learning: the case of Hong Kong schools under reforms [J]. The Learning Organization: An International Journal, 2003(2):83-97.

Lee T W, Mitchell T R, Sablynski C J, et al. The Effects of Job Embeddedness on Organizational Citizenship, Job Performance, Volitional Absences, and Voluntary Turnover [J]. Academy of

Management Journal，2004(5)：711-722.

Maslach C. M. , Jackson S. E. , Leiter M. P. Maslach Burnout Inventory：Manual， 3rd ed ［M］. Palo Alto：Consulting Psychologists Press,1996.

Meyer J P, Irving P G, Allen N J. Examination of the Combined Effects of Work Values and Early Work Experiences on Organizational Commitment［J］. Journal of Organizational Behavior, 1998 (1)：29-52.

Mitchell T R, Lee T W. 5. The Unfolding Model of Voluntary Turnover and Job Embeddedness：Foundations for a Comprehensive Theory of Attachment［J］. Research in Organizational Behavior，2001 (3)：189-246.

Ng T W H, Feldman D C. The Effects of Organizational Embeddedness on Development of Social Capital and Human Capital［J］. Journal of Applied Psychology,2010(4)：696-712.

OECD. TALIS 2013 results：An international perspective on teaching and learning［R］. OECD Publishing,2014.

Thomas J Sergiovanni. Leadership and Excellence in Schooling ［J］. Educational Leadership,1984(5):6-13.

Thoonen E E J, Sleegers P J C, Oort F J, et al. How to improve teaching practices the role of teacher motivation，organizational factors，and leadership practices［J］. Educational Administration Quarterly, 2011 (3):496-536.

Wal J J, Brok P J, Hooijer J G, et al. Teachers' engagement in professional learning：Exploring motivational profiles［J］. Learning and Individual Differences，2014(12):27-36.

Wayne S J, Shore L M, Liden R C. Perceived organizational support and leader-member exchange：A social exchange perspective［J］. Academy of Management journal，1997(1)：82-111.

安雪慧.农村中小学教师职业发展与教学工作激励［C］//中国教育学会教育经济学分会.2006 年中国教育经济学年会会议论文集,2006.

包俊娟.集中办学背景下的农村教师专业发展现状研究［D］.杭州:杭州师
　　范大学,2012.

保罗·威利斯.学做工:工人阶级子弟为何继承父业［M］.秘舒,等译.南
　　京:译林出版社,2013.

布迪厄,华康德.实践与反思——反思社会学引导［M］.李猛,李康,译.北
　　京:中央编译出版社,1998.

陈昂昂."小而美"乡村学校如何实现内涵发展?［EB/OL］.(2017-12-16)
　　［2020-06-01］.https://www.sohu.com/a/210924411_100928.

陈纯槿.国际比较视域下的教师教学效能感——基于 TALIS 调查数据的实
　　证研究［J］.全球教育展望,2017,46(4):11-22,128.

陈威燕.基于心理资本视角的高校教师工作绩效影响机制研究［D］.徐州:
　　中国矿业大学.2016.

陈向明,王志明.义务教育阶段教师培训调查:现状、问题与建议［J］.开放教
　　育研究,2013,19(4):11-19.

陈向明,张玉荣.教师专业发展和学习为何要走向"校本"［J］.清华大学教育
　　研究,2014,35(1):36-43.

丁钢,李梅.中国高等师范院校师范生培养状况调查与政策分析报告［J］.教
　　育研究,2014,35(11):95-106.

都君艳.需求导向下云南农村小学全科教师培养体系的构建与完善［D］.昆
　　明:云南师范大学,2019.

杜屏,谢瑶.农村中小学教师工资与流失意愿关系探究［J］.华东师范大学学
　　报(教育科学版),2019,37(1):103-115,169.

范国锋,王浩文,蓝雷宇.中小学教师流动意愿及其影响因素研究——基于
　　湖北、江西、河南 3 省 12 县的调查［J］.教育与经济,2015(02):62-66.

范先佐.乡村教育发展的根本问题［J］.华中师范大学学报(人文社会科学
　　版),2015,54(5):146-154.

费孝通.乡土中国［M］.北京:人民出版社,2008.

傅建明.教师专业发展:途径与方法［M］.上海:华东师范大学出版社,2007.

高婧,胡中锋.教师教学效能感与校长教学领导力的相关有多大?［J］.中小
　　学管理,2016(5):49-52.

高盼望,徐继存.论新型城镇化中乡村教师的文化转型［J］.中国教育学刊,

2015(2):96-100.

郭玲玲.局内的局外人:农村小学青年女教师身份认同的质性研究[D].锦州:渤海大学,2018.

赫茨伯格,等.赫茨伯格的双因素理论[M].张湛,译.北京:中国人民大学出版社,2009.

侯烜方,李燕萍,涂乙冬.新生代工作价值观结构、测量及对绩效影响[J].心理学报,2014,46(6):823-840.

黄慧泽."80后"乡村教师的职业生存状态研究[D].济南:山东师范大学,2019.

黄淑芳.基于跨学科合作的团队异质性与高校原始性创新绩效的关系研究[D].杭州:浙江大学.2016.

霍力岩,沙莉.重新审视多元智力——理论与实践的再思考[M].北京:北京师范大学出版社,2007.

姜定宇.华人部属与主管关系、主管忠诚及其后续研究:一项两阶段研究[D].台北:台湾大学.2005.

李大林,徐伯钧,王高.怎样提升乡村教师培训实效[N].中国教育报,2019(5):24.

李虹."乡村振兴战略"背景下乡村学校教育促进乡村文化发展研究[D].桂林:广西师范大学,2019.

李瑾瑜.支持乡村教师需要树立新立场[J].教育发展研究,2015,35(10):3.

李满学.复式教学改变了我[J].中国民族教育,2017(9):46-48.

李森华.农村初中教师激励机制问题及对策[D].烟台:鲁东大学,2019.

李涛.底层社会与教育[D].长春:东北师范大学,2014.

李新翠.中小学教师工作投入与工作量状况调查[J].中国特殊教育,2016(05):83-90.

李新,谭课.顶岗实习对免费师范生专业发展的影响研究——基于湖南免费师范生的调查[J].廊坊师范学院学报(社会科学版),2017,33(3):108-112.

李秀章.新时代欠发达地区乡村教师队伍建设的教育社会学研究——以河南省驻马店市为例[J].牡丹江教育学院学报,2018(9):35-39.

李永鑫,赵娜.工作-家庭支持的结构与测量及其调节作用[J].心理学报.

2009,41(9)：863-874.

李永周,易倩,阳静宁.积极沟通氛围、组织认同对新生代员工关系绩效的影响研究[J].中国人力资源开发,2016(23):23-31.

李志辉,王纬虹.乡村教师离职意向影响因素实证研究——基于重庆市2505名乡村教师调查数据的分析[J].教师教育研究,2018,30(6):58-66.

刘春梅,张皓珏.论教育生态的偏颇与修复[J].河南师范大学学报(哲学社会科学版),2015,42(4):173-176.

刘琳娜,张彦通.双因素激励理论在教师培训中的应用[J].中小学教师培训,2012(4):16-19.

刘梅.校本课程建设:促进教师专业发展的有效途径[J].江苏教育,2013(12):73.

刘敏,石亚兵.乡村教师流失的动力机制分析与乡土情怀教师的培养——基于80后"特岗教师"生活史的研究[J].当代教育科学,2016(6):15-19.

刘善槐,王爽,武芳.我国农村小规模学校教师队伍建设研究[J].教育研究,2017,38(09):106-115.

刘胜男.教师专业学习影响因素及其作用机制研究[D].上海:华东师范大学.2016.

刘胜男,赵新亮.新生代乡村教师缘何离职——组织嵌入理论视角的阐释[J].教育发展研究,2017,37(Z2):78-83.

刘小娇,刘勇军.家校合作　共育成长——农村小学优化家校合作策略研究[J].辽宁教育,2019(10):58-59.

刘小梅.广西乡村教师激励机制研究[D].南宁:广西民族大学,2019.

娄立志,刘文文.农村薄弱学校骨干教师的流失与应对[J].教师教育研究,2016,28(2):75-80.

罗儒国.中小学教师培训状况的调查与分析[J].现代教育管理,2011(12):83-86.

马多秀,范婷.农村家长在家校合作中的问题及对策[J].北京教育学院学报,2017,31(6):8-12.

马红梅.教师收入增长机制刍议:基于甘肃农村的实证研究[J].清华大学教育研究,2012,33(4):103-109.

马丽,鲍红娟,杨春江,毛承成,刘伟姣.新生代员工工作场所乐趣对离职的影响——组织嵌入的中介作用[J].中国人力资源开发,2016(23):6-14.

马琳雅.农村中学教师自我导向学习能力提升研究[D].郑州:河南大学,2016.

费斯勒.教师职业生涯周期——教师专业发展指导[M].董丽敏等,译.北京:中国轻工业出版社,2005.

孟令熙.教师流动规律及其对教师管理的启示[J].中国教师,2004(6):52-54.

庞丽娟,金志峰,杨小敏.新时期乡村教师队伍建设政策研究[J].中国行政管理,2017(5):109-113.

漆国生,张守荣.广州市农村中学骨干教师培训质量的调查[J].教育探索,2011(6):99-101.

秦慧敏.乡村流动教师工作适应性的叙事研究[D].天水:天水师范学院,2019.

渠东剑.为了学员的长远利益——乡村骨干教师培育站导师工作的实践与思考[J].教育研究与评论(中学教育教学),2017(9):9-12.

任华亮,杨东涛,李群.工作价值观和工作投入的关系——基于工作监督的调节效应[J].经济管理,2014,36(06):75-85.

任友群.用信息技术为乡村教师插上飞翔的翅膀[J].当代教育家,2017(03):1.

容中逵.他者规训异化与自我迷失下的乡村教师——论乡村教师的身份认同危机问题[J].教育学报,2009,5(5):83-88.

申继亮.教师人力资源开发与管理:教师发展之源[M].北京:北京师范大学出版社,2006.

申卫革.乡村教师文化自觉的缺失与建构[J].教育发展研究,2016,36(22):47-52,57.

施剑松,李益众.四川省阆中市探索"朴素而幸福"的乡村教育实践:教育的"乡愁"在这里安放[N/OL].中国教育报.(2016-01-27)[2020-06-01].http://www.moe.gov.cn/jyb_xwfb/s5147/201601/t20160127_228956.html.

宋婷娜,郑新蓉.从"补工资"到"补机制":"特岗教师"工资性补助政策的实施效果[J].北京大学教育评论,2017,15(2):39-52,187-188.

唐如前.中学教师继续教育课程设置的调查研究——以湖南省永州市为例[J].中国成人教育,2007(10):101-102.

唐松林,陈坤,张娟娟.精神自治:城乡教师均衡之内生力[J].教育理论与实践,2016,36(8):25-27.

唐松林,魏婷婷,张燕玲.媚俗:城乡教师均衡不能承受的生命之轻[J].湖南师范大学教育科学学报,2016,15(1):75-80.

田毅鹏,吕方.单位社会的终结及其社会风险[J].吉林大学社会科学学报,2009,49(6):17-23.

童星.初中教师工作时间及其影响因素研究——基于中国教育追踪调查(CEPS)数据的分析[J].教师教育研究,2017,29(2):107-112.

汪明帅,郑秋香.从"边缘人"走向"传承者"——回归乡土的乡村教师发展研究[J].教育发展研究,2016,36(8):13-19.

王炳明.乡村教师队伍建设的政策分析——基于湖南省泸溪县落实《乡村教师支持计划》的案例研究[J].中国教育学刊,2017(02):35-40.

王辞晓,张必兰,王晶心.网络教学接受度与教师 TPACK 水平的相关研究[J].现代远距离教育,2017(5):12-21.

王聪颖,杨东涛.新生代知识型员工离职行为的心理归因及管理启示——基于扎根理论的分析[J].江海学刊,2015(6):108-113,239.

王丹婷.多元智能理论在农村初中英语教学中的应用研究[D].成都:四川师范大学,2014.

王涵.校长教学领导力对教师教学效能感影响的调查研究——学校组织氛围的中介作用[D].重庆:西南大学,2019.

王继新,陈文竹.信息化助力农村教学点学生发展的观测与评价——以咸安教学实验区为例[J].中国电化教育,2018(3):31-40.

王孟成,蔡炳光,吴艳,等.项目表述方法对中文 rosenberg 自尊量表因子结构的影响[J].心理学探新,2010(3):63-68.

王艳玲,李慧勤.乡村教师流动及流失意愿的实证分析——基于云南省的调查[J].华东师范大学学报(教育科学版),2017,35(3):134-141＋173.

王艳玲,吕游,杨菁.西南地区乡村教师流动及流失意愿的影响因素分析——基于对云南省昆明市 3 区县 1047 位教师的调查[J].教师发展研究,2017,1(4):7-14.

王艳玲,苏萍,杨晓.中小学青年教师流动及流失意愿的实证分析:基于云南省的抽样调查[J].学术探索,2016(10):143-149.

王英斌.日本教师每周工作时间最长[J].世界文化,2014(9):51.

魏红.农村初中家校合作问题及对策研究[D].成都:四川师范大学,2018.

吴量,詹浩洋.中文版教师自我效能感量表(TSE)(简版)的信度和效度研究[J].心理技术与应用,2017,5(11):672-679.

席梅红.论乡村教师流失的合理性——基于公平的理论视角[J].上海教育科研,2016(2):10-13.

夏之晨,杨帆,许庆豫.校长教学领导力与作用机制分析——校长教学领导力与提升教学质量的关系研究[J].苏州大学学报(教育科学版),2018,6(1):112-120.

肖正德,邵晶晶.农村初中教师的闲暇生活境遇及闲暇教育路径[J].教育研究,2016,37(1):63-69.

肖正德.乡村教师学习文化的问题与重构[J].教育发展研究,2013,33(4):43-47.

谢焕忠.中国教育统计年鉴(2013)[M].北京:人民教育出版社,2013.

熊丙奇.不能让 300 多万乡村教师看不到未来[J].内蒙古教育,2016(1):41.

徐君.自我导向学习:农村教师专业发展的有效途径[J].教师教育研究,2009,21(3):17-22.

徐莉莉,高葵芬.农村小规模学校新教师专业发展的困境与对策[J].现代中小学教育,2018,34(9):64-67.

许艳丽.城乡教师的不平等,源自专业水准差距[N].中国教育报,2016-08-24.

薛海平,陈向明.我国中小学教师培训质量调查研究[J].教育科学,2012,28(6):53-57.

薛海平,王蓉.义务教育教师绩效奖金、教师激励与学生成绩[J].教育研究,2016,37(5):21-33.

杨爱平,余雁鸿.选择性应付:社区居委会行动逻辑的组织分析——以 G 市

L 社区为例[J].社会学研究,2012,27(4):105-126,243-244.

杨光,王海燕.U-D 合作的农村教师培训现状及其效果研究[J].首都师范大学学报(社会科学版),2011(3):81-87.

弋文武.农村教师学习问题研究[D].兰州:西北师范大学,2008.

由由.教师流动的微观影响因素——经济理论与美国实证研究[J].教育与经济,2013(4):65-72.

袁丽.U 来公益基金会公益模式研究[D].北京:对外经济贸易大学.2011.

岳金环.农村小学教师职业认同现状研究[D].长沙:湖南师范大学,2010.

曾新,付卫东.内生发展视域下农村小规模学校教师队伍建设[J].教育发展研究,2014,33(06):73-79.

詹小慧,杨东涛,栾贞增.基于组织支持感调节效应的工作价值观对员工建言影响研究[J].管理学报,2016,13(09):1330-1338.

张福平,刘兴凯.基于公平理论视角的乡村青年教师的发展困境及激励机制研究[J].教育导刊,2018(9):29-33.

张虹,刘建银."国培计划"实施中农村小学教师的培训需求分析——以重庆市农村小学教师培训为例[J].教育理论与实践,2012,32(11):30-32.

张娜,申继亮,张志祯.新入职教师工作价值观的对偶比较研究[J].教师教育研究,2008(3):50-54,27.

张松祥.本土化:我国乡村教师队伍培养的必由之路[J].中国教育学刊,2016(12):62-68.

张源源,邬志辉.我国农村青年教师的社会来源与职业定位研究——基于全国东中西 9 省 18 县的调查分析[J].教师教育研究,2015,27(4):40-45.

赵昌木.教师成长论[M].兰州:甘肃教育出版社,2004.

赵新亮,刘胜男.工作环境对乡村教师专业学习的影响机制研究——心理资本的中介作用[J].教师教育研究,2018,30(4):37-43.

赵新亮.我国乡村教师队伍建设的实践困境与对策研究——基于全国 23 个省优秀乡村教师的实证调查[J].现代教育管理,2019(11):81-87.

赵新亮,张彦通.近十年国际高等教育研究的现状及发展态势——基于英国《高等教育研究》期刊的载文分析[J].高教探索,2015(8):15-20.

赵忠平,秦玉友.谁更想离开?——机会成本与义务教育教师流动意向的实证研究[J].教育与经济,2016(1):53-62.

郑新蓉,杜亮,周序,王学男."农村义务教育阶段学校特设岗位计划"政策调研报告[J].中国教师,2012(7):9-13.

郑新蓉,王成龙,佟彤.我国新生代乡村教师城市化特征研究[J].河北师范大学学报(教育科学版),2016,18(3):70-77.

郑新蓉,杨赟悦."特岗计划":边远地区教师补充机制的探索[J].民族教育研究,2015,26(1):58-64.

郑新蓉,姚岩,武晓伟.重塑社会活力:性别图景中的乡村教师和学校[J].妇女研究论丛,2017(1):5-20.

郑鑫,龚胜利.校长教学领导行为如何影响教师效能感[J].现代中小学教育,2018,34(11):68-73.

郅庭瑾,吴慧蕾.我国教师职业道德教育的发展与评价[J].中国教育学刊,2009(08):27-29.

钟国欣.安口镇学区研课磨课活动简报[EB/OL].(2017-11-22)[2020-06-01].http://www.360doc.com/document/17/1207/15/29556292_710838485.shtml.

钟磬.21世纪教育研究院.访一丹奖得主:乡村教育的创新,落地能生根吗?[EB/OL].(2018-07-30)[2020-06-01].https://www.sohu.com/a/244187579_100928.

周菲,余秀兰.家庭背景对大学生学术性投入的影响及其作用机制[J].教育研究,2016,37(2):78-88.

朱秀红,刘善槐.我国乡村教师工作负担的问题表征、不利影响与调适策略——基于全国18省35县的调查研究[J].中国教育学刊,2020(1):88-94.

邹联克.参与式方法在农村教师培训中应用的调查研究——以贵州省为例[J].课程·教材·教法,2012,32(4):114-119.

图书在版编目(CIP)数据

掬水留香与自我生长：新时期乡村教师发展实证研
究 / 赵新亮著. —杭州：浙江大学出版社，2021.3
ISBN 978-7-308-21094-2

Ⅰ.①掬… Ⅱ.①赵… Ⅲ.①农村学校－师资培训－
研究－中国 Ⅳ.①G451.2

中国版本图书馆 CIP 数据核字(2021)第 030063 号

掬水留香与自我生长

——新时期乡村教师发展实证研究

赵新亮　著

责任编辑	吴伟伟　马一萍	
责任校对	陈逸行	
封面设计	雷建军	
出版发行	浙江大学出版社	
	（杭州市天目山路 148 号　邮政编码 310007）	
	（网址：http://www.zjupress.com）	
排　　版	浙江时代出版服务有限公司	
印　　刷	杭州高腾印务有限公司	
开　　本	710mm×1000mm　1/16	
印　　张	11.5	
字　　数	202 千	
版 印 次	2021 年 3 月第 1 版　2021 年 3 月第 1 次印刷	
书　　号	ISBN 978-7-308-21094-2	
定　　价	48.00 元